新编学生国学丛书

汉书

庄适　选注
司马朝军　校订

中国文史出版社

图书在版编目(CIP)数据

汉书/庄适选注;司马朝军校订.——北京:中国文史出版社,2019.7

(新编学生国学丛书/缪天绶等主编)

ISBN 978-7-5205-1426-2

Ⅰ.①汉… Ⅱ.①庄… ②司… Ⅲ.①中国历史-西汉时代-纪传体②《汉书》-注释 Ⅳ.①K234.104.2

中国版本图书馆CIP数据核字(2019)第245111号

责任编辑:金 硕

出版发行:**中国文史出版社**

社 址:北京市海淀区西八里庄路69号院 邮 编:100142

电 话:010-81136606 81136602 81136603 81136605(发行部)

传 真:010-81136655

印 厂:北京温林源印刷有限公司

经 销:全国新华书店

开 本:880mm×1230mm 1/32

印 张:7.375

字 数:154千字

版 次:2020年2月北京第1版

印 次:2020年2月第1次印刷

定 价:29.60元

总　　序

冯天瑜

作为汉字古典词，“国学”本谓周朝设于王城及诸侯国都的贵族学校，以与地方性、基层性的“乡校”“私学”相对应。隋唐以降实行科举制，朝廷设“国子监”，又称“国子学”，简称“国学”，有朝廷主持的国家学术之意。

时至近代，随着西学东渐的展开，与来自西洋的“西学”相比配，在汉字文化圈又有特指本国固有学术文化的“国学”一名出现。如江户幕府时期（1601—1867）的日本人，自18世纪起，把流行的学问归为三类：汉学（从中国传入）、兰学（从欧美传入，19世纪扩称洋学）、国学（从《古事记》《日本书纪》发展而来的日本固有学术）。19世纪末、20世纪初，中国留日学生与入日政治流亡者，以及活动于上海等地的学人，采借日本已经沿用百余年的“国学”一名，用指中国固有的学术文化。1902年梁启超（1873—1929）撰文，以“国学”与“外学”对应，强调二者的互动共济，梁氏曰：“今日欲使外学之真精神普及于祖国，则当转输之任者，必邃于国学，然后能收其效。”（《论中国学术思想变迁之大势》）1905年国粹派在上海创办《国粹学报》，公示“发明国学，保存国粹”宗旨。这里的“国学”意为“国粹之学”。该刊发表章太炎（1869—1936）、刘师培（1884—1920）、陈去病（1874—1933）等人的经学、史学、诸子学、文字训诂方面文章，以资激励汉人的民族精神与文化自信。从此，中国人开始在"中国固有学术文化"意义上使用"国学"一词，为"国故之学"的简称。所谓"国故"，指中国传统的学术文化之故实，此前清人多有用例，如魏源（1794—1857）认为，学者不应迷恋词章，学问要从"讨朝章、讨国故始"（《圣武记》卷一一），这"讨国故"的学问，也就是后来所谓之国学。

经清末民初诸学者（章太炎、梁启超、罗振玉、王国维、刘师培、黄侃、陈寅恪等）阐发和研究，国学所涉领域大定为：小学、经学、史学、诸子、文学，约与现代人文学的文、史、哲相当而又加以综汇，突现了中国固有学术整体性特征，可与现代学校的分科教学相得益彰、彼此促进，故自 20 世纪初叶以来，"国学"在中国于起伏跌宕间运行百年，多以偏师出现，而时下又恰逢勃兴之际。

中国学术素有"文、史、哲不分家"的传统，中国学术的优势与缺陷皆与此传统相关。百年来的中国学校教育仿效近代西方学术体制，高度分科化，利弊互见。其利是促进分科之学的发展，其弊是强为分割知识。为克服破碎大道之弊，有人主张打通文、史、哲壁垒，于是便有综汇中国人文学的"国学"之创设，并编纂教材，进于学校教育、家庭教育、社会教育，其先导性教材结集，为 20 世纪 20 年代至 30 年代原商务印书馆由王云五策划并担任主编的《万有文库》之子系《学生国学文库》。所收均为四部重要著作。略举大凡：经部如诗、礼、春秋，史部如史、汉、五代，子部如庄、孟、荀、韩，并皆刊入；文辞则上溯汉、魏，下迄近代，诗歌则陶、谢、李、杜，均有单本，词则多采五代、两宋。丛书凡 60 册，已然囊括了“国学”之精粹。其鲜明之特色是选注者掺入了对原著的体味，经史诸书选辑各篇，以表见其书、其作家之思想精神、文学技术、历史脉络者为准。其无关宏旨者，概从删削、剔抉。选注者中不乏叶圣陶、茅盾、邹韬奋、傅东华这样的学界翘楚。他们对传统国学了然于胸，于选注自然是举重若轻，驾轻就熟。这样一份业经选注者消化、反刍的国学精神食粮自然更便于国学入门者吸收。

这样一套曾在20世纪初在传播传统文化、普及国学知识方面起到重要的作用的丛书即便今天来看也是历久弥新。中国文史出版社因应时势，邀约深谙国学之行家里手于原辑适当删减、合并、校勘，以 30 册 300 余万言，易名《新编学生国学丛书》呈献当今学子。诸书均分段落，作标点，繁难字加注音，以便省览。诸书原均有注释，古籍异释纷如，原已采其较长者，现做适当取舍、增删。诸书较为繁难、多音多义之字，均注现代汉语拼音，以便讽颂。诸书卷首，均有选注者序，述作者生平、本书概要、参考书举要等，凡所以示读者研究门径者，不厌其详，现一仍其旧。

这样一套入门的国学读物，读者苟能熟读而较之，冥默而求之，国学之精要自然神会。

是为序。

校订说明

丛书原名《学生国学文库》，为 20 世纪二三十年代商务印书馆王云五主编《万有文库》之子系，现易名《新编学生国学丛书》，奉献给广大国学爱好者。

原丛书共 60 种，考虑到难易程度、四部平衡、篇幅等因素，在广泛征求专家意见基础上，现删减为 34 种 30 册。

基本保留了原书的篇章结构。因应时势有极少量的删节。

原文部分，均选用通用、权威版本全文校核，参以校订者己见做了必要的校核和改订。为阅读的通顺、便利，未一一标注版本出处。

注释根据原文的结构分别采用段后注、文后注，以便读者省览。原注作了适当增删，基本上保持原文字风格，之乎者也等虚词适当剔除，增删力求通畅、易懂，避免枝蔓。典实、注引做了力所能及的查证，但因才学的有限疏漏可能在所难免。

原书为繁体竖排，现转简体横排。简化按通行规则，但考虑到作为国学读物，普及小学知识亦在情理之中，故而保留了少量通假字、繁体字、异体字，一般都出注说明。或许亦可增加读者的阅读兴趣和扩大知识面。

生僻、多音字作相应注音，原反切、同音、魏妥玛注音，均统一改现代汉语拼音。

国学读物校订，工作浩繁，往往顾此失彼，多有不当处，还望读者指正。

绪 言

《汉书》之作，始于班彪。彪以《史记》自武帝太初以后，皆缺而不录，乃作《后传》数十篇。彪子固，以所续未详，又缀集所闻，断代为之，起高帝，终平帝，讫王莽之诛，成为《汉书》。而八表及《天文志》未竟，即卒，和帝诏其妹昭就东观藏书踵成之，是《汉书》之成，实经班氏父子三人之手。

《史记》起五帝，讫汉武，凡五十万言，《汉书》只记一代，乃八十余万言，论者每以是定二书之优劣。然不能云尔也，迁主行文，固主载事，故《史》简而《汉》繁。况迁于经术之文，干济之策，多不收入，固则如贾谊之《治安策》，晁错《之言兵事》，赵充国之《屯田奏》等，凡关于国家大计不可缺者，无不备载；他如司马相如之《谕巴蜀檄》《谏猎赋》等，虽未见重要，亦可为后世词赋之祖。

固才较迁似逊，然其整齐一代之书，文赡事详，与迁书异曲而同工。其于孔光、张禹，直笔诋諆，尽情描写，洵不愧为良史。而文法之谨严，叙事之清晰，尤非瑜不掩瑕之范书可比。故其书初出，即已传诵一时。

本编已属稿二次矣。第一次稿方在排比，而一·二八之变作，尽付劫灰。今兹重作，期限迫急，疏漏益多，倘蒙当代史学家加以指正，不胜欢幸！

本编初着手时，选材多与从姊丈翁佩孚先生商榷而定；先生绩学士，今归道山，已六年矣，竟不睹是编之成也！此次助编之翁萃，即其女公子；家学有自，而两代与此书为缘，亦可异已。

武进庄适识

1933 年 2 月

目　录

高帝纪……1
刘向传……46
贾谊传……79
晁错传……106
李陵苏武传……127
司马相如传……144
张骞传……159
霍光传……169
赵充国传……191
儒林传序……213
循吏传序……219
酷吏传序……222
游侠传序……224

高帝纪

高祖①，沛丰邑中阳里人也②，姓刘氏。母媪尝息大泽之陂③，梦与神遇④。是时雷电晦冥，父太公往视，则见交龙⑤于上。已而有娠，遂产高祖。

---

①高祖：名邦，字季。　②沛：秦县，故城在今江苏沛县东。丰：秦沛县邑，汉置县，以至今。　③媪：老年妇女的通称。陂：泽之堤障。　④神：即龙也。遇：合。媪妊高祖，梦与龙交配。　⑤交龙：《史记》作“蛟龙”。陈直《汉书新证》认为交龙为当时流行简体。

高祖为人，隆准而龙颜①，美须髯，左股有七十二黑子。宽仁爱人，意豁如也②。常有大度，不事家人生产作业。及壮，试吏③，为泗上亭长④，廷⑤中吏无所不狎侮。好酒及色。常从王媪、武负贳酒⑥，时饮醉卧，武负、王媪见其上常有怪。高祖每酤⑦留饮，酒雠数倍⑧。及见怪，岁竟，此两家常折券弃责⑨。

---

①隆：高。准：鼻子。颜：眉目之间。　②豁如：开大之

貌。　③试吏：试用为吏。　④泗：水名。泗上亭：即泗水亭，在今沛县东。秦法，十里一亭。亭长：长亭之吏。　⑤廷：郡府廷。　⑥负：老母。汉代妇女称负者甚多，负当为“媍”字省文，“媍”即“妇”字。贳（shì）：赊欠。　⑦酤：买酒。　⑧雠：同“售”。　⑨弃责：以简牍为契券，折毁之。弃其所负。西汉风俗，以十二月底收债，与后代相仿。

高祖常繇咸阳①，纵观秦皇帝②，喟然大息③，曰：“嗟乎，大丈夫当如此矣！”

---

①繇：同“徭”，服公役。咸阳：秦都，汉为渭城县，在今陕西咸阳市东。　②纵：放也。放观无忌。　③喟然：叹貌。大息：长叹息。

单父人吕公①善沛令，辟仇，从之客，因家焉。沛中豪杰吏闻令有重客，皆往贺。萧何为主吏②，主进③，令诸大夫④曰：“进不满千钱，坐之堂下！”高祖为亭长，素易诸吏，乃绐为谒⑤曰“贺钱万”，实不持一钱。谒入，吕公大惊，起，迎之门。吕公者，好相人，见高祖状貌，因重敬之，引入坐上坐⑥。萧何曰：“刘季固多大言，少成事。”高祖因狎侮诸客，遂坐上坐，无所诎⑦。酒阑⑧，吕公因目固留高祖⑨。竟酒，后。吕公曰：“臣少好相人，相人多矣，无如季相，愿季自爱。臣有息女⑩，愿为箕帚妾。”酒罢，吕媪怒吕公曰："公始常欲奇此女，与贵人。沛令善公，求之不与，何自妄许与刘季！"吕公曰："此非儿女子所知。"卒与高祖。吕公女即吕后也，生孝惠帝、鲁元公主。

①单父：秦县，即今山东单县。 ②主吏：为县吏重要掾属之统称，更非别有主吏之官名（从陈直说）。 ③进：会礼之财，与"赆"同。 ④诸大夫：指帮助沛令招待客人的人。⑤绐（dài）：欺骗。谒：类似拜帖。 ⑥上坐：尊处。 ⑦诎：同"屈"，退让。 ⑧阑：稀少，饮酒者半去半留。 ⑨因目：用目。 ⑩息：生。息女：亲生女。

高祖尝告归之田①。吕后与两子居田中，有一老父过请饮，吕后因铺之②。老父相后曰："夫人天下贵人也。"令相两子，见孝惠帝，曰："夫人所以贵者，乃此男也。"相鲁元公主，亦皆贵。老父已去，高祖适从旁舍来，吕后具言客有过，相我子母皆大贵。高祖问，曰："未远。"乃追及，问老父。老父曰："乡者夫人儿子皆以君，君相贵不可言。"高祖乃谢曰："诚如父言，不敢忘德！"及高祖贵，遂不知老父处。

①吏休假曰"告"。 ②铺（bū）：给食。老父请饮，后因食之。

高祖为亭长，乃以竹皮为冠，令求盗之薛治①，时时冠之，及贵常冠，所谓“刘氏冠”也。

---

①求盗：亭卒也。亭长有二卒：一为亭父，掌开闭扫除；一为求盗，掌逐捕盗贼。薛：在今山东滕州南。薛有作冠师，故使求盗往治之。

高祖以亭长为县送徒骊山①，徒多道亡。自度比至皆亡之，到丰西泽中亭②，止饮，夜皆解纵所送徒。曰：“公等皆去，吾亦从此逝矣！”徒中壮士愿从者十余人。高祖被酒③，夜径泽中④，令一人行前。行前者还报曰：“前有大蛇当径，愿还。”高祖醉，曰：“壮士行，何畏！”乃前，拔剑斩蛇。蛇分为两，道开。行数里，醉困卧⑤。后人来至蛇所，有一老妪夜哭。人问妪何哭，妪曰：“人杀吾子。”人曰：“妪子何为见杀？”妪曰：“吾子，白帝子也，化为蛇，当道，今者赤帝子斩之，故哭。”人乃以妪为不诚⑥，欲苦之，妪因忽不见。后人至，高祖觉。告高祖，高祖乃心独喜，自负。诸从者日益畏之。

秦始皇帝尝曰“东南有天子气”，于是东游以厌当之⑦。高祖隐于芒、砀山泽间⑧，吕后与人俱求，常得之。高祖怪，问之，吕后曰：“季所居上常有云气，故从往常得季。”高祖又喜。沛中子弟或闻之，多欲附者矣。

①骊山：在今陕西临潼东南。始皇死，葬骊山，故郡县送徒士往役作。 ②亭在泽中，因名。 ③被酒：犹醉酒。 ④径：经过。 ⑤醉后行数里而困，故卧也。 ⑥不诚：谓所言不实。 ⑦厌：镇也，塞也。镇厌而塞之。厌当为同义复词。 ⑧芒、砀：二山名，在今安徽砀山县东南。

秦二世元年秋七月，陈涉起蕲①，至陈②，自立为楚王。遣武臣、张耳、陈馀略赵地③。八月，武臣自立为赵王。郡县多杀长吏以应涉。九月，沛令欲以沛应之。掾、主吏萧何、曹参④曰："君为秦吏，今欲背之，帅沛子弟，恐不听。愿君召诸亡在外者⑤，可得数百人，因以劫众⑥，众不敢不听。"乃令樊哙⑦召高祖。高祖之众已数百人矣。

于是樊哙从高祖来。沛令后悔，恐其有变，乃闭城城守⑧，欲诛萧、曹。萧、曹恐，逾城保高祖⑨。高祖乃书帛射城上，与沛父老曰："天下同苦秦久矣。今父老虽为沛令守，诸侯并起，今屠沛⑩。沛令共诛令，择可立立之，以应诸侯，即室家完⑪。不然，父子俱屠，无为也。"父老乃帅子弟共杀沛令，开城门迎高祖，欲以为沛令。高祖曰："天下方扰，诸侯并起，今置将不善，一败涂地。吾非敢自爱，恐能薄⑫，不能完父兄子弟。此大事，愿更择可者。"萧、曹（等）皆文吏，自爱，恐事不就⑬，后秦种族其家⑭，尽让高祖。诸父老皆曰："平生所闻刘季奇怪，当贵，且卜筮之，莫如刘季最吉。”高祖数让⑮。众莫肯为，高祖乃立为沛公。祠黄帝，祭蚩尤于沛廷，而衅鼓⑯旗。帜皆赤，由所杀蛇白帝子，[所]杀者赤帝子故也。于是少年豪吏如萧、曹、樊哙等皆为收沛子弟，得三千人。

---

①陈涉：名胜，阳城（今河南登封东南）人，与吴广首起伐秦。蕲：秦县，故治在今安徽宿州。 ②陈：秦县，即今河南淮阳县。 ③武臣：陈人。张耳：大梁人。陈馀：大梁人。略：行而取之，用力少。 ④曹参为掾，萧何为主吏。 ⑤时苦秦虐政，有逃亡辟吏。 ⑥劫：势胁也。 ⑦哙，音kuài。 ⑧城守：守城。 ⑨保：依。 ⑩屠沛：破沛城而尽杀其民。 ⑪完：全。 ⑫能薄：能力薄弱。 ⑬就：成。 ⑭种族其家：诛及全族。 ⑮数（shuò）：屡次。 ⑯衅鼓：杀牲血以涂鼓。

是月，项梁与兄子羽起吴①。田儋与从弟荣、横起齐②，自立为齐王。韩广自立为燕王。魏咎自立为魏王。陈涉之将周章③西入关，至戏④，秦将章邯距破之。

---

①吴：县名，在今江苏苏州市。 ②齐：地在今山东。 ③周章：字文，陈人。 ④戏：水名，在今陕西临潼东。

秦二年十月，沛公攻胡陵、方与①，还守丰。秦泗川监平将兵围丰[2]。二日，出与战，破之。令雍齿守丰。

---

①胡陵：秦县，在今山东鱼台县东南。方与：秦县，在今鱼台县北。　②泗川：即泗水郡，秦置，汉改为沛郡，今江苏、安徽皆有地属焉。监：秦官名。平：监之名。

十一月，沛公引兵之薛。秦泗川守壮[1]兵败于薛，走至戚[2]，沛公左司马得杀之。沛公还军亢父[3]，至方与。

---

①守：官名。壮：守名。　②戚：秦县，在今山东滕州南。　③亢父：秦县，在今山东济宁市南。

赵王武臣为其将所杀。

十二月，楚王陈涉为其御庄贾所杀[1]。

---

①陈涉为章邯所败，庄贾遂杀陈涉以降秦。

魏人周市略地丰沛，使人谓雍齿曰："丰，故梁徙也[1]，今魏地已定者数十城。齿今下魏，魏以齿为侯守丰[2]；不下，且屠丰！"雍齿雅不欲属沛公[3]，及魏招之，即反为魏守丰。沛公攻丰，不能取。沛公还之沛，怨雍齿与丰子弟畔之。

正月，张耳等立赵后赵歇为赵王。东阳甯君、秦嘉立景驹为楚王④，在留⑤。沛公往从之，道得张良，遂与俱见景驹，请兵以攻丰。时章邯从陈⑥，别将司马尼⑦将兵北定楚地，屠相⑧，至砀⑨。东阳甯君、沛公引兵西，与战萧西⑩，不利，还收兵聚留。二月，攻砀，三日拔之⑪。收砀兵，得六千人，与故合九千人。三月，攻下邑⑫，拔之。还击丰，不下。四月，项梁击杀景驹、秦嘉，止薛，沛公往见之。项梁益沛公卒五千人，五大夫将十人⑬。沛公还，引兵攻丰，拔之。雍齿奔魏。

---

①魏畏秦，徙大梁，故梁即魏地，至梁惠王孙假，为秦所灭，乃徙丰。　②封雍齿为侯，令守丰。　③雅：素。　④东阳：秦县，故治在今安徽天长市西北。宁君：宁，姓；名君，尊称。秦嘉：凌人，初起于郯，号大司马。景驹：人姓名，楚族。　⑤留：秦县，故城在今江苏沛县东南。　⑥从陈：跟踪追击陈涉。　⑦尼：古“夷”字。　⑧相：秦县，故城在今安徽宿县西北。　⑨砀：秦郡，以砀山名，今河南、江苏、安徽皆有地属之。　⑩萧：县名，在今江苏。萧西：萧县西北。⑪拔：攻克。　⑫下邑：秦县，故城在今江苏铜山县东。⑬五大夫：秦爵，第九级。以五大夫为将凡十人。

五月，项羽拔襄城还①。项梁尽召别将②。六月，沛公如薛③，与项梁共立楚怀王孙心为楚怀王④。

---

①襄城：县名，在今河南。　②别将：小将别在他所者。③如：往。　④秦灭六国，楚最无罪，尤以怀王入秦不返而哀之，故立其孙，以祖谥为号，以顺民望。

章邯破杀魏王咎、齐王田儋于临济①。七月，大霖雨。沛公攻亢父。章邯围田荣于东阿②。沛公与项梁共救田荣，大破章邯东阿。田荣归，沛公、项羽追北③，至城阳④，攻屠其城。军濮阳东⑤，复与章邯战，又破之。

章邯复振，守濮阳，环水⑥。沛公、项羽去，攻定陶⑦。八月，田荣立田儋子市为齐王。定陶未下，沛公与项羽西略地至雍丘⑧，与秦军战，大败之，斩三川守李由⑨。还攻外黄⑩，外黄未下。

项梁再破秦军，有骄色。宋义谏，不听。秦益章邯兵。九月，章邯夜衔枚击项梁定陶⑪，大破之，杀项梁。时连雨自七月至九月。沛公、项羽方攻陈留⑫，闻梁死，士卒恐，乃与将军吕臣引兵而东，徙怀王自盱台都彭城⑬。吕臣军彭城东，项羽军彭城西，沛公军砀。魏咎弟豹自立为魏王。

---

①临济：城名，在今河南开封县东南。　②东阿：汉县，故城在山东阳谷县东北，即今阿城镇。　③北：战败退却。④城阳：即成阳县，故城在山东菏泽市东北。　⑤濮阳：汉

县，在今河南濮阳市南。　⑥环水：决水以自环守为固。　⑦定陶：秦县，故城在今山东定陶县西北。　⑧雍丘：即今河南杞县治。　⑨三川：秦郡，有河、洛、伊，故曰三川，地在今河南。李由：李斯子。　⑩外黄：汉县，故城在今河南杞县东。　⑪衔枚：枚状如箸，横衔之，系绕项上，防止言语喧嚣，使敌人不易发现。　⑫陈留：县名，在今河南开封东南。　⑬盱台：秦县，故治在今江苏盱眙县东北。彭城：今江苏徐州市。

后九月①，怀王并吕臣、项羽军自将之。以沛公为砀郡长②，封武安侯，将砀郡兵。以羽为鲁公，封长安侯。吕臣为司徒，其父吕青为令尹。

①后九月：闰九月。　②砀郡长：即砀郡守。

章邯已破项梁，以为楚地兵不足忧，乃渡河北击赵王歇，大破之。歇保巨鹿城①，秦将王离围之②。赵数请救，怀王乃以宋义为上将，项羽为次将，范增为末将，北救赵。初，怀王与诸将约："先入定关中者王之③！"当是时，秦兵强，常乘胜逐北，诸将莫利先入关④。独羽怨秦破项梁，奋势⑤，愿与沛公西入关。怀王诸老将皆曰："项羽为人，慓悍祸贼⑥，尝攻襄城，襄城无噍类⑦，所过无不残灭。且楚数进取⑧，前陈王、项梁皆败⑨，不如更遣长者扶义而西，告谕秦父兄。秦父兄苦其主久矣，今诚得长者往，毋侵暴，宜可下。项羽不可遣，独沛公素宽大长者。”卒不许羽，而遣沛公西收陈王、项梁散卒。乃道砀至成阳与杠里⑩，攻秦军壁，破其二军。

---

①巨鹿：秦县，今河北平乡县治。　②王离：秦旧将王翦孙。　③关中：自函谷关以西，总名关中。　④诸将畏秦，不以先入关为利。　⑤奋势：愤激。　⑥慓：即“剽”字，疾也。悍：勇。祸贼：好为祸害而残贼。　⑦噍：同“嚼”。无噍类：没有吃饭的人，言人民都灭亡了。　⑧此句言楚兵前曾屡进攻取。　⑨陈涉、项梁攻秦，为秦所败。　⑩成阳：见前城阳。杠里：地名，在成阳西。

秦三年十月，齐将田都畔田荣，将兵助项羽救赵。沛公攻破东郡尉于成武①。十一月，项羽杀宋义，并其兵渡河，自立为上将军，诸将黥布等皆属。十二月，沛公引兵至栗②，遇刚武侯③，夺其军四千余人，并之；与魏将皇欣、武满军合，攻秦军，破之。故齐王建孙田安下济北，从项羽救赵。羽大破秦军巨鹿下，虏王离，走章邯。

---

①东郡：秦置，地在今河北。尉：秦官。成武：县名，在今山东。　②栗：当时县，即今河南夏邑县。　③史失姓名。

二月，沛公从砀北攻昌邑①，遇彭越。越助攻昌邑，未下。沛公西过高阳②，郦食其为里监门③，曰：“诸将过此者多，吾视沛公大度。”乃求见沛公。沛公方踞床，使两女子洗④。郦生不拜，长揖曰：“足下必欲诛无道秦，不宜踞见长者！”于是沛公起，摄衣谢之，延上坐。食其说沛公袭陈留。沛公以为广野君，以其弟商为将，将陈留兵。三月，攻开封⑤，未拔。西与秦将杨熊会战白马⑥，又战曲遇东⑦，大破之。杨熊走之荥阳⑧，二世使使斩之以徇⑨。四月，南攻颍[川]阳⑩，屠之。因张良⑪遂略韩地。时赵别将司马卬方欲渡河入关，沛公乃北攻平阴⑫，绝⑬河津。南，战洛阳东⑭，军不利，从轘辕至阳城⑮，收军中马骑。六月，与南阳守齮战犨东⑯，[大]破之。略南阳郡，南阳守走，保城守宛⑰。沛公引兵过宛西。张良谏曰：“沛公虽欲急入关，秦兵尚众，距险。今不下宛，宛从后击，强秦在前，此危道也。”于是沛公乃夜引军从他道还，偃旗帜，迟明⑱，围宛城三匝。南阳守欲自刭，其舍人⑲陈恢曰：“死未晚也。”乃逾城见沛公，曰：“臣闻足下约先入咸阳者王之。今足下留守宛，宛郡县连城数十，其吏民自以为降必死，故皆坚守乘城⑳。今足下尽日止攻，士死伤者必多；引兵去宛，宛必随足下后；足下前则失咸阳之约，后有强宛之患。为足下计，莫若约降㉑，封其守㉒，因使止守，引其甲卒与之西。诸城未下者，闻声争开门而待足下，足下通行无所累。”沛公曰：“善。”七月，南阳守齮降，封为殷侯，封陈恢千户。引兵西，无不下者。至丹水㉓，高武侯鳃、襄侯王陵降。还攻胡阳[24]，遇番君别将梅锠[25]，与偕攻析、郦[26]，皆降。所过毋得卤掠，秦民喜。遣魏人甯昌使秦。是月章邯举军降项羽，羽以为雍王。瑕丘申阳下河南[27]。

---

①昌邑：秦县，故城在今山东金乡县西北。　②高阳：地名，在今河南杞县西。　③郦食其：陈留高阳人。监门：官名。　④洗：洗足。　⑤开封：邑名，在今河南开封县南。⑥白马：秦县，故城在今河南滑县东。　⑦曲遇：地名，在今河南鹤壁市东。　⑧荥阳：地名，在今河南。　⑨徇：行示。使人将行遍示众士以为戒。　⑩颍阳：秦县，故城在今河南许昌西南。　⑪以良累世相韩，故因之。　⑫平阴：汉县，故城在今河南孟津县东。　⑬直渡曰绝。　⑭洛阳：即洛阳县，故城在今河南洛阳东北。　⑮轘辕：山名，在河南偃师市东南，与巩县、登封接界。阳城：汉县，故城在今河南登封市东南。　⑯南阳：秦郡，地在今河南。犨：秦县，故城在今河南鲁山县东南。　⑰宛：秦县，今河南南阳治。　⑱迟明：将近天明。　⑲舍人：门客。　⑳乘城：登城防守。㉑约降：要约而许其投降。　㉒封其郡守为侯。　㉓丹水：水名，在今山东境。　㉔胡阳：当时县，在今河南唐河县南。㉕番：即今江西鄱阳县。吴芮为番令，故称番君。　㉖析：汉县，故城在淅川县西北。郦：汉县，故城在今河南淅川县东北。㉗瑕丘：汉县，故城在今山东兖州西。申阳：人姓名。河南：大河以南之地。

八月，沛公攻武关①，入秦。秦相赵高恐，乃杀二世，使人来，欲约分王关中，沛公不许。九月，赵高立二世兄子子婴为秦王。子婴诛灭赵高，遣将将兵距峣关②。沛公欲击之，张良曰："秦兵尚强，未可轻。愿先遣人益张旗帜于山上为疑兵；使郦食其、陆贾往说秦将，啖以利③。"秦将果欲连和，沛公欲许之。张良曰："此独其将欲叛，恐其士卒不从，不如因其怠懈击之。"沛公引兵绕峣关，逾蒉山④，击秦军，大破之蓝田南⑤，遂至蓝田。又战其北，秦兵大败。

①武关：在陕西丹凤县东。　②峣关：在陕西蓝田县东南，一名蓝田关。　③啖以利：诱之以利。啖：引诱。　④蒉山：在陕西蓝田县南。　⑤蓝田：秦县，故城在今陕西蓝田县西。

元年冬十月，五星聚于东井。沛公至霸上①。秦王子婴素车白马，系颈以组②，封皇帝玺、符、节③，降枳道旁④。诸将或言诛秦王，沛公曰："始怀王遣我，固以能宽容；且人已服降，杀之不祥。"乃以属吏⑤。遂西入咸阳。欲止宫休舍⑥，樊哙、张良谏，乃封秦重宝财物府库，还军霸上。萧何尽收秦丞相府图籍文书。

①霸上：亦作"灞上"，在陕西西安市东。　②素车白马：丧人之服。组：丝带。以组系颈，表示罪当自杀。　③皇帝玺：皇帝印章。符节：信物。　④枳道：亦作"轵道"。在

陕西咸阳东北。　　⑤属：读同烛，委也。　　⑥宫：秦宫。舍：民房。谓己休息于皇宫，而令军人居民舍。

十一月，召诸县豪桀曰：“父老苦秦苛法久矣，诽谤者族①，耦语者弃市②。吾与诸侯约：‘先入关者王之！’吾当王关中。与父老约法三章耳：杀人者死，伤人及盗抵罪③。余悉除去秦法。吏民皆按堵④如故。凡吾所以来，为父兄除害，非有所侵暴，毋恐！且吾所以军霸上，待诸侯至而定要束⑤耳。”乃使人与秦吏行至县乡邑告谕之。秦民大喜，争持牛羊酒食献享军士。沛公让不受，曰：“仓粟多，不欲费民。”民又益喜，唯恐沛公不为秦王。

---

①族：诛及宗族。　　②耦语：即偶语。弃市：死刑，在市上公开执行。　　③抵罪：罚当其罪也。　　④按堵：无迁动。⑤要束：约束。

或说沛公曰：“秦富十倍天下，地形强。今闻章邯降项羽，羽号曰雍王，王关中。即来，沛公恐不得有此。可急使守函谷关①，毋内诸侯军②，稍征关中兵以自益，距③之。”沛公然其计，从之。十二月，项羽果帅诸侯兵欲西入关，关门闭。闻沛公已定关中，羽大怒，使黥布等攻破函谷关，遂至戏下④。

①函谷关：在今河南灵宝市西南。　②内：同“纳”。③距：与“拒”通。　④戏下：地名，在今陕西临潼东。

沛公左司马曹毋伤闻羽怒，欲攻沛公，使人言羽曰：“沛公欲王关中，令子婴相，珍宝尽有之。”欲以求封。亚父范增①说羽曰：“沛公居山东时，贪财好色，今闻其入关，珍物无所取，妇女无所幸，此其志不小。吾使人望其气，皆为龙，成五色，此天子气。急击之，勿失！”于是飨士②，旦日③合战。是时，羽兵四十万，号百万。沛公兵十万，号二十万，力不敌。会羽季父④左尹项伯素善张良，夜驰见张良，具告其实，欲与俱去，毋特俱死⑤。良曰：“臣为韩王送沛公，不可不告，亡去不义。”乃与项伯俱见沛公。沛公与伯约为婚姻，曰：“吾入关，秋豪无所敢取⑥，籍吏民⑦，封府库，待将军。所以守关者，备他盗也。日夜望将军到，岂敢反邪！愿伯明言不敢背德！”项伯许诺，即夜复去。戒沛公曰：“旦日不可不早自来谢！”项伯还，具以沛公言告羽，因曰：“沛公不先破关中兵，公巨能入乎⑧？且人有大功，击之不祥，不如因善之。”羽许诺。

①亚父：犹仲父，项羽所以尊称范增。　②飨士：以酒肉享士卒。　③旦日：明日。　④季父：叔父。　⑤特：但也；但，空也。言勿空与沛公俱死而无所成名。　⑥秋豪：纤

细。　⑦籍：簿籍，即登记户口。　⑧巨：即“渠”字省文，“渠”作“遽”解。（从陈直说）

沛公旦日从百余骑见羽鸿门①，谢曰：“臣与将军戮力攻秦②，将军战河北，臣战河南，不自意先入关，能破秦，与将军复相见。今者有小人言，令将军与臣有隙③。”羽曰：“此沛公左司马曹毋伤言之，不然，籍何以至此？”羽因留沛公饮。范增数目羽击沛公④，羽不应。范增起，出谓项庄⑤曰：“君王为人不忍，汝入以剑舞，因击沛公，杀之。不者，汝属且为所虏！”庄入为寿⑥。寿毕，曰：“军中无以为乐，请以剑舞。”因拔剑舞。项伯亦起舞，常以身翼蔽沛公。樊哙闻事急，直入，怒甚。羽壮之，赐以酒。哙因谯让羽⑦。有顷，沛公起如厕，招樊哙出。置⑧车官属，独骑，与樊哙、靳强、滕公、纪成⑨步，从间道走军⑩，使张良留谢羽。羽问：“沛公安在？”曰：“闻将军有意督过之⑪，脱身去，间至军，故使臣献璧。”羽受之。又献玉斗范增，增怒，撞其斗，起曰：“吾属今为沛公虏矣！”

---

①鸿门：坂名，今曰项王营，在陕西临潼东。　②戮力：并力。　③隙：乖离不合。　④目：动目以谕之。　⑤项庄：项羽从弟。　⑥为寿：献酒致敬。　⑦谯让：责问。　⑧置：留。　⑨纪成：纪通之父。　⑩间道：小道。走军：急归军营。　⑪督过：督责。

沛公归数日，羽引兵西屠咸阳，杀秦降王子婴，烧秦宫室，所过无不残灭，秦民大失望。羽使人还报怀王，怀王曰："如约[1]！"羽怨怀王不肯令与沛公俱西入关，而北救赵，后天下约。乃曰："怀王者，吾家所立耳，非有功伐[2]，何以得专主约！本定天下，诸将与籍也。"春正月，阳尊怀王为义帝[3]，实不用其命。

①言约先入关者为王，今沛公先入关，应如约令沛公王关中。　②功伐：功绩。　③阳：佯装。帝：尊称。

二月，羽自立为西楚霸王[1]，王梁、楚地九郡[2]，都彭城。背约，更立沛公为汉王，王巴、蜀、汉中四十一县[3]，都南郑[4]。三分关中，立秦三将：章邯为雍王，都废丘[5]；司马欣为塞王，都栎阳[6]；董翳为翟王，都高奴[7]。楚将瑕丘申阳为河南王，都洛阳[8]。赵将司马卬为殷王，都朝歌[9]。当阳君英布为九江王，都六[10]。怀王柱国共敖为临江王，都江陵[11]。番君吴芮为衡山王，都邾[12]。故齐王建孙田安为济北王。徙魏王豹为西魏王，都平阳[13]。徙燕王韩广为辽东王。燕将臧荼为燕王，都蓟[14]。徙齐王田市为胶东王。齐将田都为齐王，都临菑[15]。徙赵王歇为代王。赵相张耳为常山王。汉王怨羽之背约，欲攻之，丞相萧何谏，乃止。夏四月，诸侯罢戏下，各就国。

①当时称吴为东楚，江陵为南楚，彭城为西楚。项羽都彭城，故称西楚霸王。　②梁：秦郡名，故治在今河南商丘市。楚：秦郡名，治寿春，兼有淮南之地。寿春即今安徽寿县。梁、楚地九郡：指楚、泗水、薛、东海、黔中、会稽、南阳、砀、东郡九郡而言。　③巴、蜀：皆秦郡，地在今四川。　④南郑：汉县，故城在今陕西汉中市。高祖在南郑建筑宫殿，现遗址中出土有“佳汉三年大并天下”及“当王天下”两种瓦当文字。⑤废丘：秦县，汉为槐里县，故城在今陕西兴平县东南。　⑥栎阳：秦县，故城在今陕西临潼东北。　⑦高奴：秦县，故城在今陕西延安市。　⑧洛阳：即雒阳，见前。　⑨朝歌：汉县，故城在今河南淇县东北。　⑩六：秦县，在今安徽六安县北。　⑪江陵：县名，在今湖北。　⑫邾：汉县，在今湖北黄冈西北。　⑬平阳：为汉县，故城在今山西临汾南。⑭蓟：秦县，故城在今北京市西南。　⑮临菑：即临淄，县名，在今山东。

羽使卒三万人从汉王，楚子、诸侯人之慕从者数万人①，从杜南入蚀中②。张良辞归韩，汉王送至褒中③；因说汉王烧绝栈道④，以备诸侯盗兵，亦视项羽无东意⑤。

①楚子：楚人。诸侯：诸侯国人。　②杜：秦县，故城在今陕西西安市南。蚀：谷名，即子午谷，在今陕西西安市南。

③褒中：褒谷之中，地在今陕西汉中市西北。　④栈道：阁道。　⑤视：示。令羽知汉王无东出之意。

汉王既至南郑，诸将及士卒皆歌讴思东归①，多道亡还者。韩信为治粟都尉②，亦亡去，萧何追还之，因荐于汉王，曰："必欲争天下，非信无可与计事者。"于是汉王齐戒③设坛场，拜信为大将军，问以计策。信对曰："项羽背约而王君王于南郑，是迁④也。吏卒皆山东之人，日夜企而望归⑤，及其锋而用之，可以有大功。天下已定，民皆自宁，不可复用。不如决策东向。"因陈羽可图、三秦易并之计⑥。汉王大说，遂听信策，部署诸将。留萧何收巴蜀租，给军粮食。

---

①讴：齐声而歌；一说，齐地之歌。　②治粟都尉：官名，主管粮食。　③齐：同"斋"。齐戒：斋戒。　④迁：左迁，由大改小，原来当王关中，今改王南郑。　⑤企：举足耸身。　⑥章邯、司马欣、董翳分王秦地，故曰三秦。

五月，汉王引兵从故道出袭雍①。雍王邯迎击汉陈仓②，雍兵败，还走；战好畤③，又大败，走废丘。汉王遂定雍地。东如咸阳，引兵围雍王废丘，而遣诸将略地。

田荣闻羽徙齐王市于胶东④，而立田都为齐王，大怒，以齐兵迎击田都。都走降楚。六月，田荣杀田市，自立为齐王。时彭越在巨野[5]，众万余人，无所属。荣与越将军印，因令反梁地。越击杀济北王安，荣遂并三齐[6]之地。燕王韩广亦不肯徙辽东[7]。秋八月，臧荼杀韩广，并其地。塞王欣、翟王翳皆降汉。

初，项梁立韩后公子成为韩王，张良为韩司徒。羽以良从汉王，韩王成又无功，故不遣就国，与俱至彭城，杀之。及闻汉王并关中，而齐、梁畔之，羽大怒，乃以故吴令郑昌为韩王，距汉。令萧公角击彭越[8]，越败角兵。时张良徇韩地[9]，遗羽书曰："汉欲得关中，如约即止，不敢复东。"羽以故无西意，而北击齐。

---

①故道：秦县，故城在今陕西凤县西北。雍：汉县，故城在今陕西凤翔县南。　②陈仓：秦县，故城在今陕西宝鸡东。　③好畤：汉县，故城在陕西乾县东。　④胶东：地在今山东。　⑤巨野：汉县，故城在今河北巨野县南。　⑥三齐：指齐、济北、胶东。　⑦辽东：秦郡，地在今辽宁。　⑧萧：萧县。公：所以称令。角：令之名。　⑨徇：略取。

九月，汉王遣将军薛欧、王吸出武关，因王陵兵[1]，从南阳迎太公、吕后于沛。羽闻之，发兵距之阳夏[2]，不得前。

---

①王陵亦聚党数千人居南阳。　②阳夏：秦县，故城在今河南太康县。

二年，冬十月，项羽使九江王布杀义帝于郴①。

①郴：汉县，今湖南郴县。

陈馀亦怨羽独不王己，从田荣藉①助兵，以击常山王张耳。耳败走降汉，汉王厚遇之。陈馀迎代王歇还赵，歇立馀为代王。

①藉：与“借”通。

张良自韩间行归汉，汉王以为成信侯。汉王如陕①，镇抚关外父老②。河南王申阳降，置河南郡。使韩太尉韩信击韩，韩王郑昌降。十一月，立韩太尉信为韩王。汉王还归，都栎阳。使诸将略地，拔陇西③。以万人若④一郡降者，封万户。缮治河上⑤塞。故秦苑囿园池，令民得田之⑥。

①陕：县名，在今河南陕县。 ②镇抚：安慰。 ③陇西：秦郡，地在今甘肃东南部。 ④若：或。 ⑤河上：郡名，后改为左冯翊。地当今陕西东部渭河以北地区。其北境与匈奴交界，故修治旧塞，以备匈奴。 ⑥田：耕作。

春正月，羽击田荣城阳，荣败走平原①，平原民杀之。齐皆降楚，楚焚其城郭，齐人复畔之。

诸将拔北地②，虏雍王弟章平。赦罪人。

①平原：秦郡，地在今山东平原县南。 ②北地：秦郡，地在今甘肃。

二月癸未，令民除秦社稷①，立汉社稷。施恩德，赐民爵②。蜀汉民给军事劳苦，复勿租税③二岁。关中卒从军者，复家一岁。举民年五十以上，有修行，能帅众为善，置以为三老，乡一人。择乡三老一人为县三老，与县令丞尉以事相教，复勿繇④戍。以十月赐酒肉。

①社稷：帝王祭祀土神、谷神的场所。 ②爵：禄位。民得爵，有罪可减。 ③复勿租税：免除租税和徭役。 ④繇：同“徭”。

三月，汉王自临晋渡河①，魏王豹降，将兵从。下河内②，虏殷王卬，置河内郡。至修武③，陈平亡楚来降。汉王与语，说之，使参乘，监诸将。南渡平阴津④，至洛阳，新城⑤三老董公遮说汉王曰：“臣闻‘顺德者昌，逆德者亡’，‘兵出无名，事故不成’。故曰：‘明其为贼，敌乃可服。’项羽为无道，放杀其主，天下之贼也。夫仁不以勇，义不以力⑥，三军之众，为之素服，以告之诸侯，为此东伐，四海之内莫不仰德。此三王之举也⑦。”汉王曰：

“善。非夫子无所闻！”于是汉王为义帝发丧，袒⑧而大哭，哀临⑨三日。发使告诸侯曰：“天下共立义帝，北面事之。今项羽放杀义帝江南，大逆无道。寡人亲为发丧，兵皆缟素。悉发关中兵，收三河⑩士，南浮江汉以下，愿从诸侯王击楚之杀义帝者！”

---

①临晋：秦县，今陕西大荔县治。　②河内：汉郡，约指河南黄河以北地区。　③修武：汉县，今河南获嘉县治。　④平阴津：平阴之津。平阴：汉县，故城在今河南孟津县东。　⑤新城：汉县，故城在今河南洛阳市南。　⑥此句言仁者不能以勇服，义者不能以力服。　⑦三王：指夏、殷、周三代开国的君主。　⑧袒：脱去衣袖，露出左臂。　⑨哀临：公祭。　⑩三河：指河南、河东、河内。

夏四月，田荣弟横收得数万人，立荣子广为齐王。羽虽闻汉东，既击齐，欲遂破之而后击汉；汉王以故得劫五诸侯兵①，东伐楚。到外黄，彭越将三万人归汉，汉王拜越为魏相国，令定梁也。汉王遂入彭城，收羽美人货赂，置酒高会②。羽闻之，令其将击齐，而自以精兵三万人从鲁出胡陵，至萧，晨击汉军，大战彭城灵璧东睢水上③，大破汉军，多杀士卒，睢水为之不流。围汉王三匝。大风从西北起，折木发屋，扬砂石，昼晦，楚军大乱，而汉王得与数十骑遁去。过沛，使人求室家，室家亦已亡，不相得。汉王道逢孝惠、鲁元，载行。楚骑追汉王，汉王急，推堕二子。滕公④下收载，遂得脱。审食其从太公、吕后间行，反遇楚军，羽常置军中以为质。

---

①劫：强制。五诸侯：指魏、韩、代、齐、殷。　②高会：大会。　③灵璧：县名，在彭城东。睢水：流经河南、江苏、安徽三省。　④滕公：夏侯婴。

诸侯见汉败，皆亡去。塞王欣、翟王翳降楚，殷王卬死。吕后兄周吕侯将兵居下邑，汉王[往]从之。稍收士卒，军砀。汉王西过梁地，至虞①，谓谒者②随何曰："公能说九江王布[使]举兵畔楚，项王必留击之。得留数月，吾取天下必矣。"随何往说布，果[使]畔楚。

---

①虞：秦县，故城在今河南虞城县西南。　②谒者：官名，掌侍仪节，属光禄勋。

五月，汉王屯荥阳，萧何发关中老弱未傅①者悉诣军。韩信亦收兵与汉王会，兵复大振。与楚战荥阳南京、索间②，破之。筑甬道，属河③，以取敖仓粟④。魏王豹谒归视亲疾⑤。至则绝河津⑥，反为⑦楚。

---

①未傅：兵役册上没有登记。汉制，年满五十六为老，不满

二十三为弱，老弱不服兵役。　②京：为汉县，在荥阳东南。索：即荥阳。　③属：联也。恐敌抄袭故筑垣墙如街巷。　④敖：地名，在荥阳西北山上，秦置仓其中，故曰敖仓。　⑤谒归：请假回家。　⑥言断其津济，以距汉军。　⑦为：助。

六月，汉王还栎阳。壬午，立太子，赦罪人。令诸侯子在关中者皆集栎阳为卫。引水灌废丘，废丘降，章邯自杀。雍地[①]定八十余县，置河上、渭南、中地、陇西、上郡[②]。令祠官祀天地、四方、上帝、山川，以时祠之。兴关中卒乘[③]边塞。关中大饥，米斛万钱，人相食。令民就食蜀汉。

---

①雍地：今陕西、甘肃、青海额齐纳皆其地。　②渭南：后为京兆。中地：后为扶风。　③乘：登。谓登而守之。

秋八月，汉王如荥阳，谓郦食其曰："缓颊[①]往说魏王豹，能下之，以魏地万户封生[②]！"食其往，豹不听。汉王以韩信为左丞相，与曹参、灌婴俱击魏。食其还，汉王问："魏大将谁也？"对曰："柏直。"王曰："是口尚乳臭[③]，不能当韩信。骑将谁也？"曰："冯敬。"曰："是秦将冯无择子[④]也，虽贤，不能当灌婴。""步卒将谁也？"曰："项它。"曰："是不能当曹参。吾无患矣。"九月，信等虏豹，传诣荥阳[⑤]。定魏地，置河东、太原、上党郡。信使人请兵三万人，愿以北举燕赵，东击齐，南绝楚粮道。汉王与之。

---

①缓颊：婉言劝告。　②生：犹言先生。　③口尚乳臭：犹言乳臭未干，言其年少。　④冯敬：秦汉之际有两人，一为冯无择子，一为汉博成侯冯无择。详陈直《汉书新证》。⑤诣：至。

三年，冬十月，韩信、张耳东下井陉击赵①，斩陈馀，获赵王歇。置常山、代郡。甲戌晦，日有食之。

---

①井陉：山名，在今河北井陉县东北与鹿泉市接界处。

十一月癸卯晦，日有食之。随何既说黥布，布起兵攻楚。楚使项声、龙且①攻布，布战不胜。十二月，布与随何间行归汉。汉王分之兵，与俱收兵至成皋②。

---

①龙且：人名。　②成皋：汉县，故城在今河南荥阳。

项羽数侵夺汉甬道，汉军乏食，与郦食其谋桡楚权①。食其欲立六国后以树党②，汉王刻印，将遣食其立之。以问张良，良发八难③。汉王辍饭吐哺④，曰："竖儒！几败乃公⑤事！"令趋销印⑥。又问陈平，乃从其计，与平黄金四万斤，以间疏楚君臣。

---

①桡：削弱。　②树：立也。　③八难：见《史记·留侯世家》。　④辍：止。哺：口中所含食。　⑤乃公：即你公。　⑥趋：速。

夏四月，项羽围汉荥阳，汉王请和，割荥阳以西者为汉。亚父劝项羽急攻荥阳，汉王患之。陈平反间既行，羽果疑亚父，亚父大怒而去，发病死。

五月，将军纪信曰："事急矣！臣请诳楚，可以间出[①]。"于是陈平夜出女子东门二千余人，楚因四面击之。纪信乃乘王车，黄屋左纛[②]，曰："食尽，汉王降楚！"楚皆呼万岁，之城东观[③]，以故汉王得与数十骑出西门遁。令御史大夫周苛、魏豹、枞公守荥阳。羽见纪信，问："汉王安在？"曰："已出去矣。"羽烧杀信。而周苛、枞公相谓曰："反国之王，难与守城。"因杀魏豹。

---

①请诈为汉王以诳楚，而汉王得乘隙出走。　②黄屋：天子所乘的车。纛：用牦牛尾做的羽毛幢，竖在车的左方。　③之：至。

汉王出荥阳，至成皋。自成皋入关，收兵欲复东。辕生[①]说汉王曰："汉与楚相距荥阳数岁，汉常困。愿君王出武关，项王必引兵南走[②]，王深壁，令荥阳、成皋间且得休息。使韩信等得辑河北赵地③，连燕、齐，君王乃复走荥阳。如此，则楚所备者多，力分。汉得休息，复与之战，破之必矣。”汉王从其计，出军宛叶间④，与黥布行收兵。羽闻汉王在宛，果引兵南；汉王坚壁不与战。是月，彭越渡睢，与项声、薛公战下邳⑤，破杀薛公。羽使终公守成皋，而自东击彭越。汉王引兵北，击破终公，复军成皋。六月，羽已破走彭越，闻汉复军成皋，乃引兵西拔荥阳城，生得周苛。羽谓苛："为我将，以公为上将军，封三万户！”周苛骂曰："若不趋降汉⑥，今为虏矣⑦！若非汉王敌也！”羽亨周苛⑧，并杀枞公，而虏韩王信，遂围成皋。汉王跳⑨，独与滕公共车出成皋玉门⑩，北渡河，宿小修武⑪。自称使者，晨驰入张耳、韩信壁而夺之军。乃使张耳北收兵赵地。

---

①辕生：辕姓诸生。　②走：趋向。　③辑：集合。　④叶：为汉县，故城在今河南叶县南。　⑤下邳：汉县，故城在今江苏邳州东。　⑥若：汝。　⑦今：即也。　⑧亨：同“烹”，煮而杀之。　⑨跳：同“逃”。　⑩玉门：北门。　⑪小修武：在大修武城东，今河南获嘉县境。

秋七月，有星孛于大角。汉王得韩信军，复大振。八月，临河南乡①，军小修武，欲复战。郎中郑忠说止汉王，高垒深堑勿战。汉王听其计，使卢绾、刘贾将卒二万人，骑数百，渡白马津入楚地，佐彭越烧楚积聚②，复击破楚军燕郭西③，攻下睢阳、外黄十七城④。九月，羽谓海春侯大司马曹咎曰："谨守成皋。即汉王欲挑战，慎勿与战，勿令得东而已。我十五日必定梁地，复从将军⑤。"羽引兵东击彭越。

①乡：同"向"。 ②积聚：军粮草槁之属。 ③燕：汉县，故城在今河南延津县东。 ④睢阳：秦县，故城在今河南商丘市南。 ⑤从：就。

汉王使郦食其说齐王田广，罢守兵，与汉和。

四年，冬十月，韩信用蒯通计，袭破齐①。齐王亨郦生，东走高密②。项羽闻韩信破齐，且欲击楚，使龙且救齐。

①信闻郦生已说下齐欲止，通说信，不能因郦生说服齐而不攻，以示数万大兵不如一儒生，信从其说，遂袭破齐。 ②高密：县名，故城在今山东高密县西南。齐王以为郦生卖己，故烹杀之。

汉果数挑成皋战，楚军不出，使人辱之数日，大司马咎怒，渡兵汜水①。士卒半渡，汉击之，大破楚军，尽得楚国金玉货赂。大司马咎、长史欣皆自刭汜水上。汉王引兵渡河，复取成皋，军广武②，就敖仓食。

羽下梁地十余城，闻海春侯破，乃引兵还。汉军方围钟离眛③于荥阳东，闻羽至，尽走险阻。羽亦军广武，与汉相守。丁壮苦军旅，老弱罢转饷④。汉王、羽相与临广武之[间]涧而语。羽欲与汉王独身挑战，汉王数⑤羽曰："吾始与羽俱受命怀王，曰先定关中者王之。羽负约，王我于蜀汉，罪一也。羽矫杀卿子冠军⑥，自尊，罪二也。羽当以救赵还报⑦，而擅劫诸侯兵入关，罪三也。怀王约入秦无暴掠，羽烧秦宫室，掘始皇帝冢，收私其财，罪四也。又强杀秦降王子婴，罪五也。诈坑秦子弟新安⑧二十万，王其将，罪六也。皆王诸将善地，而徙逐故主，令臣下争畔逆，罪七也。出逐义帝彭城，自都之，夺韩王地，并王梁、楚，多自与，罪八也。使人阴杀义帝江南，罪九也。夫为人臣而杀其主，杀[其]已降，为政不平，主约不信，天下所不容，大逆无道，罪十也。吾以义兵从诸侯诛残贼，使刑余罪人击公，何苦乃与公挑战！"羽大怒，伏弩射中汉王。汉王伤胸，乃扪⑨足曰："虏中吾指！"汉王病创卧，张良强请汉王起行劳军⑩，以安士卒，毋令楚乘胜。汉王出行军，疾甚，因驰入成皋。

---

①汜水：在河南荥阳西境，北流入黄河。　②广武：城名，在河南荥阳东北。　③眛：音末。　④罢：读如疲。转饷：转运饷馈。　⑤数：数责。　⑥矫：托也。卿子冠军：指宋义，卿子为褒称，犹公子，冠军为上将，宋义之称。项羽托怀王命杀宋义，详《史记·项羽本纪》。　⑦项羽受命救赵，

事毕，当还报。　⑧新安：汉县，故城在今河南渑池县东。⑨扪：抚摸。　⑩劳：慰劳。

十一月，韩信与灌婴击破楚军，杀楚将龙且，追至城阳，虏齐王广。齐相田横自立为齐王，奔彭越。

汉立张耳为赵王。

汉王疾瘉①，西入关，至栎阳，存问父老，置酒。枭故塞王欣头栎阳市②。留四日，复如军，军广武。关中兵益出，而彭越、田横居梁地，往来苦楚兵，绝其粮食。

---

①瘉：同“愈”。　②枭：枭首，斩首后把头悬挂在杆上示众。

韩信已破齐，使人言曰：“齐边楚①，权轻，不为假王，恐不能安齐。”汉王怒，欲攻之。张良曰：“不如因而立之，使自为守。”春二月，遣张良操印②，立韩信为齐王。

---

①言边境与楚界接。　②操：持。

秋七月，立黥布为淮南王。

八月，初为算赋①。北貉、燕人来致枭骑助汉②。汉王下令：军士不幸死者，吏为衣衾棺敛，转送其家。四方归心焉。

项羽自知少助食尽，韩信又进兵击楚，羽患之。汉遣陆贾说羽，请太公，羽弗听。汉复使侯公说羽，羽乃与汉约，中分天下，割鸿沟以西为汉③，以东为楚。九月，归太公、吕后，军皆称万岁。乃封侯公为平国君。羽解而东归。汉王欲西归，张良、陈平谏曰："今汉有天下太半，而诸侯皆附，楚兵罢食尽，此天亡之时，不因其几④而遂取之，所谓养虎自遗患也。"汉王从之。

---

①算赋：汉制，民年十五以上至五十六，出赋钱，人百二十为一算，以供车马库兵之用。　②北貉：部族名，在东北方。枭骑：勇骑。　③鸿沟：在今河南荥阳、鹤壁等市境，为古汴水的分流，即今贾鲁河。　④几：危。

五年冬十月，汉王追项羽至阳夏南，止军，与齐王信、魏相国越期会击楚，至固陵①，不会。楚击汉军，大破之。汉王复入壁，深堑而守。谓张良曰："诸侯不从，奈何？"良对曰："楚兵且破，未有分地②，其不至固宜。君王能与共天下③，可立致也。齐王信之立，非君王意，信亦不自坚。彭越本定梁地，始君王以魏豹故，拜越为相国。今豹死，越亦望王，而君王不早定。今能取睢阳以北至谷城④皆以王彭越；从陈以东傅海与齐王信，信家在楚，其意欲复得故邑。能出捐⑤此地以许两人，使各自为战，则楚易败也。”于是汉王发使使韩信、彭越。至，皆引兵来。

十一月，刘贾入楚地，围寿春⑥。汉亦遣人诱楚大司马周殷。殷畔楚，以舒屠六⑦，举九江兵迎黥布，并行屠城父⑧，随刘贾皆会。

十二月，围羽垓下⑨。羽夜闻汉军四面皆楚歌，知尽得楚地，羽与数百骑走，是以兵大败。灌婴追斩羽东城⑩。楚地悉定，独鲁不下，汉王引天下兵欲屠之，为其守节礼义之国，乃持羽头示其父兄，鲁乃降。初，怀王封羽为鲁公，及死，鲁又为之坚守，故以鲁公葬羽于谷城。汉王为发丧，哭临而去。封项伯等四人为列侯，赐姓刘氏。诸民略在楚者皆归之……

---

①固陵：即固始县，汉置，故城在今河南淮阳县西北。②分：同“份”。言信越等未有益地之份。一说，当读如字，作割地以与解。③言共有天下之地，割而封之。④谷城：秦置，即今山东东阿县。⑤捐：弃也。⑥寿春：秦县，今安徽寿县。⑦舒：汉县，故城在今安徽庐江县西。言之以舒之众屠破六县也。⑧并行：并击也。父：读如甫；城父：汉县，故城在今安徽亳县东南。⑨垓下：聚名，在今安徽灵璧县东南。⑩东城：秦县，故城在今安徽定远县东南。

春正月，追尊兄伯号曰武哀侯。下令曰：“楚地已定，义帝亡后①，欲存恤楚众，以定其主。齐王信习楚风俗，更立为楚王，王淮北，都下邳。魏相国建城侯彭越勤劳魏民，卑下士卒②，常以少击众，数破楚军，其以魏故地王之，号曰梁王，都定陶。”又曰：“兵不得休八年，万民与苦甚③，今天下事毕，其赦天下殊死以下④。”

于是诸侯上疏曰：“楚王韩信、韩王信、淮南王英布、梁王彭越、故衡山王吴芮、赵王张敖、燕王臧荼昧死再拜言，大王陛下：先时秦为亡道，天下诛之。大王先得秦王，定关中，于天下功最多。存亡定危，救败继绝，以安万民，功盛德厚。又加惠于诸侯王有功者，使得立社稷。地分已定，而位号比拟，亡上下之分⑤，大王功德之著，于后世不宣⑥。昧死再拜上皇帝尊号。”汉王曰：“寡人闻，帝者，贤者有也，虚言亡实之名，非所取也。今诸侯王皆推高寡人，将何以处之哉？”诸侯王皆曰：“大王起于细微，灭乱秦，威动海内。又以辟陋之地⑦，自汉中行威德，诛不义，立有功，平定海内，功臣皆受地食邑，非私之也。大王德施四海，诸侯王不足以道之⑧，居帝位甚实宜，愿大王以幸天下。”汉王曰：“诸侯王幸以为便于天下之民，则可矣。”于是诸侯王及太尉长安侯臣绾等三百人，与博士稷嗣君叔孙通谨择良日二月甲午，上尊号，汉王即皇帝位于汜水之阳。尊王后曰皇后，太子曰皇太子，追尊先媪曰昭灵夫人……帝乃西都洛阳。

---

①亡：同“无”。　②言安辑魏地，保其人众。　③与：

助辞。　④殊死：死刑。　⑤言比类相拟，无尊卑之别。　⑥言位号不殊，则功德之著明者，不宣于后世。　⑦辟：同“僻”。　⑧言非称颂所尽。

夏五月，兵皆罢归家……

帝置酒洛阳南宫。上曰：“通侯[1]诸将毋敢隐朕，皆言其情。吾所以有天下者何？项氏之所以失天下者何？”高起、王陵对曰：“陛下嫚而侮人[2]，项羽仁而敬人。然陛下使人攻城略地，所降下者，因以与之，与天下同利也，项羽妒贤嫉能，有功者害之，贤者疑之，战胜而不与人功，得地而不与人利，此其所以失天下也。”上曰：“公知其一，未知其二。夫运筹帷幄之中，决胜千里之外，吾不如子房；填国家[3]，抚百姓，给饷馈，不绝粮道，吾不如萧何；连百万之众，战必胜，攻必取，吾不如韩信。三者皆人杰，吾能用之，此吾所以取天下者也。项羽有一范增而不能用，此所以为我禽也[4]。”群臣说服[5]。

---

①通侯：原名彻侯，避武帝讳，为通侯，又改为列侯。　②嫚：同“慢”。　③填：同“镇”，安也。　④禽：同“擒”。　⑤说：同“悦”。

初，田横归彭越。项羽已灭，横惧诛，与宾客亡入海。上恐其久为乱，遣使者赦横，曰：“横来，大者王，小者侯①；不来，且发兵加诛！”横惧，乘传诣洛阳②；未至三十里，自杀。上壮其节，为流涕，发卒二千人，以王礼葬焉。

---

①谓横为王，徒属为侯也。　②传：传车也，后用马，谓之驿骑。

戍卒娄敬求见，说①上曰：“陛下取天下与周异，而都洛阳，不便，不如入关，据秦之固。”上以问张良，良因劝上。是日，车驾西都长安②。拜娄敬为奉春君，赐姓刘氏。六月壬辰，大赦天下……

---

①说：游说。　②车驾：天子乘车而行。

六年冬十月，令天下县邑城。

人告楚王信谋反。上问左右，左右争欲击之；用陈平计，乃伪游云梦①。十二月，会诸侯于陈，楚王信迎谒，因执之……上还至洛阳，赦韩信，封为淮阴侯……

---

①云梦：泽名，汉魏之前所指云梦范围并不很大，晋以后的经学家才将云梦泽的范围越说越大，把洞庭湖都包括在内。

上已封大功臣二十余人，其余争功，未得行封。上居南宫，从复道[①]上见诸将往往耦语，以问张良。良曰："陛下与此属共取天下，今已为天子，而所封皆故人所爱，所诛皆平生仇怨。今军吏计功，以天下为不足用遍封[②]，而恐以过失及诛，故相聚谋反耳。"上曰："为之奈何？"良曰："取上素所不快，计群臣所共知最甚者一人，先封以示群臣。"三月，上置酒，封雍齿，因趣丞相急定功行封。罢酒，群臣皆喜，曰："雍齿且侯，吾属亡患矣！"

①复道：架空通道。　②言有功者多，而土地少。

上归栎阳。五日一朝太公。太公家令[①]说太公曰："天亡二日，土亡二王。皇帝虽子，人主也；太公虽父，人臣也。奈何令人主拜人臣！如此，则威重不行。"后上朝，太公拥彗[②]，迎门却行[③]。上大惊，下扶太公。太公曰："帝，人主，奈何以我乱天下法！"于是上心善家令言，赐黄金五百斤。夏五月丙午，诏曰："人之至亲，莫亲于父子，故父有天下传归于子，子有天下尊归于父，此人道之极也。前日天下大乱，兵革并起，万民苦殃，朕亲被坚执锐，自帅士卒，犯危难，平暴乱，立诸侯，偃兵息民，天下大安，此皆太公之教训也。诸王、通侯、将军、群卿、大夫已尊朕为皇帝，而太公未有号，今上尊太公曰太上皇！"

①家令：官名，掌食邑。　②拥彗：持帚。　③却行：

却退而行，恭之至也。

秋九月，匈奴围韩王信于马邑①，信降匈奴。

---

①马邑：汉县，在今山西朔县西北。

七年冬十月，上自将击韩王信于铜鞮①，斩其将。信亡走匈奴，[与]其将曼丘臣、王黄，共立故赵后赵利为王，收信散兵，与匈奴共距汉。上从晋阳连战②，乘胜逐北，至楼烦③，会大寒，士卒堕指者什二三④。遂至平城⑤，为匈奴所围七日，用陈平秘计得出。使樊哙留定代地⑥……

---

①铜鞮：汉县，故城在山西沁县西南。　②晋阳：汉县，故城在今山西太原。　③楼烦：汉县，在今雁门关北。　④言十人中有二三人堕指。　⑤平城：汉县，故城在今山西大同东。　⑥代：秦郡，地在今河北。

九年冬十月，淮南王、梁王、赵王、楚王朝未央宫，置酒前殿。上奉玉卮①为太上皇寿，曰："始大人常以臣亡赖②，不能治产业，不如仲力③。今某之业所就孰与仲多？"殿上群臣皆称万岁，大笑为乐……

---

①卮：饮酒器。　②亡赖：无可恃以资生，如今游手白

徒。　③不如仲力：勤力赶不上老二。　④就：成也。

十年……秋七月癸卯，太上皇崩，葬万年①。赦栎阳囚死罪以下。八月，令诸侯王皆立太上皇庙于国都……

①万年：汉县，在今陕西临潼东北。

十一年……春正月，淮阴侯韩信谋反长安，夷三族①。将军柴武斩韩王信于参合②……

①夷：尽诛之也。　②参合：为汉县，故城在今山西阳高县东北。

二月，诏曰："……盖闻王者莫高于周文，伯①者莫高于齐桓，皆待贤人而成名。今天下贤者智能岂特②古之人乎？患在人主不交故也，士奚由进！今吾以天之灵，贤士大夫定有天下，以为一家，欲其长久世世奉宗庙亡绝也。贤人已与我共平之矣，而不与吾共安利之，可乎？贤士大夫有肯从我游者，吾能尊显之。布告天下，使明知朕意。御史大夫昌下相国！相国酂侯下诸侯王！御史中执法下郡守③！其有意称明德者，必身劝为之驾④，遣诣相国府，署行、义、年⑤。有而弗言，觉，免⑥！年老癃病⑦，勿遣！"

①伯：读曰霸。　②特：独。　③中执法：官名。　④言有贤者，郡守身自往劝勉，驾车遣之。　⑤署：署书。行：谓品行。义：同“仪”，指仪表，包括身材尺寸、肤色。年：指年龄。这三项在居延、敦煌木简户籍上皆有明确记载（参见《汉书新证》）。　⑥免：郡守官。　⑦癃：衰弱多病。

三月，梁王彭越谋反，夷三族……

秋七月，淮南王布反。上问诸将，滕公言故楚令尹薛公有筹策。上召见，薛公言布形势，上善之，封薛公千户。诏王、相国择可立为淮南王者，群臣请立子长为王。上乃发上郡、北地、陇西车骑，巴、蜀材官及中尉卒三万人为皇太子卫，军霸上。布果如薛公言，东击杀荆王刘贾，劫其兵，度淮击楚，楚王交走入薛。上赦天下死罪以下，皆令从军；征诸侯兵，上自将以击布。

十二年冬十月，上破布军于会缶①。布走，令别将追之。

上还，过沛，留，置酒沛宫，悉召故人父老子弟佐酒②。发沛中儿，得百二十人，教之歌。酒酣③，上击筑④，自歌曰：“大风起兮云飞扬，威加海内兮归故乡，安得猛士兮守四方！”令儿皆和习之。上乃起舞，忼慨伤怀，泣数行下。谓沛父兄曰：“游子悲故乡⑤。吾虽都关中，万岁之后吾魂魄犹思（乐）沛。且朕自沛公以诛暴逆，遂有天下，其以沛为朕汤沐邑⑥，复其民⑦，世世无有所与⑧！”沛父老诸母故人日乐饮极欢，道旧故为笑乐。十余日，上欲去，沛父兄固请。上曰：“吾人众多，父兄不能给。”乃去。沛中空县皆之邑西献⑨。上留止，张饮三日⑩。沛父兄皆顿首曰：“沛幸得复，丰未得，唯陛下哀矜！”上曰：“丰者，吾所生长，极不忘耳；吾特以其为雍齿故反我为魏。”沛父兄固请之，乃并复丰，比沛。

汉别将击布军洮水南北⑪，皆大破之。追斩布番阳⑫……

---

①会缶：乡名，在蕲县（今安徽宿州治）。 ②佐酒：助行酒。 ③酒酣：饮而乐。 ④筑：乐器名，今无传。 ⑤游子：行客也。悲：顾念。 ⑥汤沐邑：谓以其赋税供汤沐。 ⑦复：见前。 ⑧无有所与：不与徭役。 ⑨言皆往邑西献牛酒，故县中空无人。 ⑩设帷帐而饮三日。 ⑪洮水：据胡三省《通鉴注》即湘水。 ⑫番阳：秦县，即江西鄱阳县。

上击布时，为流矢所中，行道疾。疾甚，吕后迎良医。医入见，上问医，曰：“疾可治不①？”医曰：“可治。”于是上嫚骂之，曰：“吾以布衣提三尺②取天下，此非天命乎？命乃在天，虽扁鹊何益③！”遂不使治疾，赐黄金五十斤，罢之。吕后问曰：“陛下百岁后，萧相国既死，谁令代之？”上曰：“曹参可。”问其次，曰：“王陵可，然少戆[4]！陈平可以助之。陈平知有余，然难独任。周勃重厚少文，然安刘氏者必勃也，可令为太尉。”吕后复问其次，上曰：“此后亦非乃[5]所知也。”

夏四月甲辰，帝崩于长乐宫[6]……

五月丙寅，葬长陵[7]。已下，皇太子、群臣皆反至太上皇庙。群臣曰：“帝起细微，拨乱世反之正[8]，平定天下，为汉太祖，功最高。”上尊号曰高皇帝[9]。

初，高祖不修文学，而性明达，好谋，能听，自监门戍卒，见之如旧。初顺民心作三章之约。天下既定，命萧何次律令，韩信申军法，张苍定章程[10]，叔孙通制礼仪，陆贾造《新语》[11]。又与功臣剖符作誓，丹书铁契，金匮石室[12]，藏之宗庙。虽日不暇给[13]，规摹弘远矣[14]！

①不：同“否”。　②提三尺：指剑。　③扁鹊：古代名医。　④戆：愚。　⑤乃：汝。　⑥帝年四十二即位，即位十二年，寿五十三岁。　⑦长陵：汉县，故城在今陕西咸阳市东北。　⑧反：还。还之于正道。　⑨尊号：谥号。　⑩章程：有关历数、度量衡等的规章制度。　⑪《新语》：贾所著书，凡十二篇。　⑫以铁为契，以丹书之，以金为匮，以石为室，示保慎也。　⑬日不暇给：盖言项羽既平，诸侯又叛，众事烦多，日常汲汲。　⑭规摹：即规模。

赞曰：《春秋》晋史[1]蔡墨有言，陶唐氏既衰，其后有刘累，学扰龙，事孔甲②，范氏其后也。而大夫范宣子③亦曰："祖自虞以上为陶唐氏，在夏为御龙氏，在商为豕韦氏④，在周为唐杜氏⑤，晋主夏盟为范氏⑥。"范氏为晋士师⑦，鲁文公世奔秦⑧。后归于晋，其处者为刘氏⑨。刘向云战国时刘氏自秦获于魏⑩。秦灭魏，迁大梁，都于丰⑪；故周市说雍齿曰"丰，故梁徙也"。是以颂高祖云："汉帝本系，出自唐帝。降及于周，在秦作刘。涉魏而东⑫，遂为丰公。"丰公，盖太上皇父。其迁日浅，坟墓在丰鲜焉。及高祖即位，置祠祀官，则有秦、晋、梁、荆之巫⑬，世祠天地，缀之以祀⑭，岂不信哉！由是推之，汉承尧运，德祚已盛，断蛇著符，旗帜上赤，协于火德，自然之应，得天统矣⑮。

---

①史：史官。　②扰：驯。孔甲：夏天子，少康六世孙。孔甲不道，天降二龙，有雌雄，孔甲不能食，刘累学扰龙于豢龙氏，以事孔甲，孔甲赐之姓，曰御龙氏。龙一雌死，以食夏后。③范宣子：名匄。　④豕韦：国名，尝称霸，地在今河南，商王武丁征克之，代以刘累之后。　⑤唐：国名，地在今山西太原。杜：国名，汉为杜县，属京兆，地在今陕西。商末，豕韦徙国于唐，周成王灭唐，迁之于杜，为杜伯，杜伯子隰叔奔晋，即为范氏祖。　⑥晋霸，主诸夏之盟，此时为范氏。　⑦士师：官名，主察狱讼。　⑧鲁文公六年，晋襄公卒，范宣子祖父武子如秦迎公子雍，而赵盾已立灵公于国，武子因奔秦。⑨武子既归晋，其别族之留秦者，既无官邑乃复刘累之姓。

⑩秦伐魏，刘氏随军，为魏所获，故又居魏。　⑪魏为秦逼，弃安邑之都，徙都大梁，及秦灭魏，迁大梁之都于丰，刘氏因亦从梁徙丰。　⑫涉：犹入也。　⑬先人所在之国，悉致祠巫祝，意在博求神灵，范氏世仕于晋，故祠祀有晋巫，刘族留秦，故有秦巫，随魏都大梁，故有梁巫，后徙丰，丰属荆，故有荆巫。　⑭缀：不绝。　⑮尧以火德王，汉承尧绪，协于火德，而周为木德，秦但承周之后，汉以火代木，得天之统序，故曰得天统。

刘向传

向①，字子政，本名更生。年十二，以父德任为辇郎②。既冠，以行修饬擢为谏大夫。是时，宣帝循武帝故事，招选名儒俊材置左右。更生以通达能属文辞，与王褒、张子侨等③并进对，献赋颂凡数十篇。上复兴神仙方术之事，而淮南有《枕中鸿宝苑秘书》。书言神仙使鬼物为金之术，及邹衍重道延命方，世人莫见，而更生父德武帝时治淮南狱，得其书④。更生幼而读诵，以为奇，献之，言黄金可成。上令典尚方铸作事，费甚多，方不验。上乃下更生吏，吏劾更生铸伪黄金，系当死⑤。更生兄阳城侯安民上书，入国户半，赎更生罪。上亦奇其材，得逾冬减死论。会初立《谷梁春秋》，征更生受《谷梁》，讲论《五经》于石渠⑥。复拜为郎中，给事黄门，迁散骑、谏大夫、给事中。

---

①刘向为高祖弟楚元王交玄孙，传附交传，故不著姓。　②以郎挽车为辇郎。任：用也。言以父德为宗正等官，荫庇及子而用为辇郎。　③王褒：蜀人，字子渊，工文辞。张子侨：亦工文，官至光禄大夫。侨或作“蟜”，或作“乔”。《汉印文字纂要》卷九有“张子蟜印”，正作子蟜。　④德于昭帝时治刘

泽诏狱，本传作武帝时治淮南狱，误，以武帝治淮南狱时，德甫数岁也。文之淮南，指淮南王安谋反事。 ⑤当时铸作黄金，不成，事本创见，无科罪专条，汉律惟有“铸黄金弃市”之语，故吏引以为比。 ⑥石渠：阁名，在未央大殿北，所以藏秘书。石渠阁遗址，今在西安未央乡，刘家寨未央宫大殿遗址西北。

元帝初即位，太傅萧望之为前将军，少傅周堪为诸吏光禄大夫①，皆领尚书事，甚见尊任。更生年少于望之、堪，然二人重之，荐更生宗室忠直，明经有行，擢为散骑宗正给事中，与侍中金敞拾遗于左右②。四人同心辅政，患苦外戚许、史在位放纵③，而中书宦官弘恭、石显弄权。望之、堪、更生议，欲白罢退之。未白而语泄，遂为许、史及恭、显所谮诉，堪、更生下狱，及望之皆免官。语在《望之传》。其春地震，夏，客星见昴、卷舌间④。上感悟，下诏赐望之爵关内侯，奉朝请。秋，征堪、向，欲以为谏大夫，恭、显白皆为中郎。冬，地复震。时恭、显、许、史子弟侍中诸曹，皆侧目于望之等，更生惧焉，乃使其外亲上变事⑤，言：“窃闻故前将军萧望之等，皆忠正无私，欲致大治，忤于贵戚尚书。今道路人闻望之等复进，以为且复见毁谗，必曰尝有过之臣不宜复用，是大不然。臣闻春秋地震，为在位执政太盛也，不为三独夫⑥动，亦已明矣。且往者高皇帝时，季布有罪，至于夷灭，后赦以为将军，高后、孝文之间卒为名臣。孝武帝时，兒宽有重罪系，按道侯韩说谏曰：‘前吾丘寿王死，陛下至今恨之；今杀宽，后将复大恨矣！’上感其言，遂贳宽⑦，复用之，位至御史大夫；御史大夫未有及宽者也。又董仲舒坐私为灾异书，主父偃取奏之，下吏，罪至不道，幸蒙不诛，复为太中大夫、胶西相，以老病免归。汉有所欲兴⑧，常有诏问。仲舒为世儒宗，定议有益天下。孝宣皇帝时，夏侯胜坐诽谤系狱，三年，免为庶人。宣帝复用胜，至长信少府、太子太傅，名敢直言，天下美之。若乃群臣，多此比类，难一二记。有过之臣，无负国家，有益天下，此四臣者，足以观矣。前弘恭奏望之等狱决，三月，地大震。恭移病出，后复视事，天阴雨雪。由是言之，地动殆为恭等。臣愚以为宜退恭、显以章蔽善之罚，进望之等以通贤者之路。如此，太平之门开，灾异之原塞矣。”

---

①诸吏：加官也，诸吏所加，或列侯将军卿大夫，得举不法。 ②拾遗：供奉讽谏，以救主人之遗失，后世因有拾遗之官。 ③许：宣帝后许氏。史：戾太子妃史氏。 ④客星：对天空中新出现的星的统称，如新星、超新星。昴、卷舌：皆星名，卷舌在昴北。 ⑤外亲：母党。变事：非常之事。⑥独夫：匹夫；三独夫：谓萧望之、周堪及刘向。 ⑦贳：谓缓恕其罪。 ⑧兴：改作宪章。

书奏，恭、显疑其更生所为，白请考奸诈。辞果服，遂逮更生系狱，下太傅韦玄成、谏大夫贡禹，与廷尉杂考。劾更生前为九卿，坐与望之、堪谋排车骑将军高、许、史氏侍中者，毁离亲戚，欲退去之，而独专权。为臣不忠，幸不伏诛，复蒙恩征用，不悔前过，而教令人言变事，诬罔不道。更生坐免为庶人。而望之亦坐使子上书自冤前事①，恭、显白令诣狱置对②。望之自杀。天子甚悼恨之，乃擢周堪为光禄勋，堪弟子张猛光禄大夫给事中，大见信任。恭、显惮之③，数谮毁焉。

---

①自白前事之冤。 ②置对：立其罪辞。 ③时弘恭已死。

更生见堪、猛在位，几①己得复进，惧其倾危，乃上封事谏曰：

“臣前幸得以骨肉②备九卿，奉法不谨，乃复蒙恩。窃见灾异并起，天地失常，征③表为国。欲终不言，念忠臣虽在甽亩④，犹不忘君，惓惓⑤之义也；况重以骨肉之亲，又加以旧恩未报乎！欲竭愚诚，又恐越职；然惟⑥二恩未报，忠臣之义，一杼愚意，退就农亩，死无所恨！

---

①几：冀。 ②言以骨肉之亲。 ③征：证。 ④甽（quǎn）：田中之沟，六甽为一亩。 ⑤惓惓：忠谨之意。

⑥惟：思。

"臣闻舜命九官①，济济相让，和之至也。众贤和于朝，则万物和于野。故箫《韶》九成，而凤皇来仪②；击石拊石，百兽率舞③。四海之内，靡不和宁。及至周文，开基西郊④，杂遝众贤⑤，罔不肃和，崇推让之风，以销分争之讼⑥。文王既没，周公思慕，歌咏文王之德，其《诗》曰：'于穆清庙，肃雍显相；济济多士，秉文之德。'⑦当此之时，武王、周公继政，朝臣和于内，万国欢于外，故尽得其欢心，以事其先祖。其《诗》曰：'有来雍雍，至止肃肃，相维辟公，天子穆穆。'⑧言四方皆以和来也。诸侯和于下，天应报于上，故《周颂》曰'降福穰穰'。⑨又曰'饴我釐麰'。⑩釐麰，麦也，始自天降。此皆以和致和，获天助也。下至幽、厉之际，朝廷不和，转相非怨，诗人疾而忧之曰：'民之无良，相怨一方。'⑪众小在位而从邪议，歙歙⑫相是而背君子，故其《诗》曰：'歙歙訿訿，亦孔之哀！谋之其臧，则具是违；谋之不臧，则具是依！'⑬君子独处守正，不桡众枉⑭，勉强以从王事则反见憎毒谗愬，故其《诗》曰：'密勿从事，不敢告劳，无罪无辜，谗口嗷嗷！'⑮当是之时，日月薄蚀而无光，其《诗》曰：'朔日辛卯，日有蚀之，亦孔之丑！'⑯又曰：'彼月而微，此日而微，今此下民，亦孔之哀！'⑰又曰：'日月鞠凶，不用其行；四国无政，不用其良！'⑱天变见于上，地变动于下，水泉沸腾，山谷易处。其《诗》曰：‘百川沸腾，山冢卒崩，高岸为谷，深谷为陵。哀今之人，胡憯莫惩。’⑲霜降失节，不以其时，其《诗》曰：‘正月繁霜，我心忧伤；民之讹言，亦孔之将。’⑳言民以是为非，甚众大也。此皆不和，贤不肖易位之所致也㉑。

“自此之后，天下大乱，篡杀殃祸并作，厉王奔彘，幽王见杀㉒。至乎平王末年，鲁隐之始即位也，周大夫祭伯乖离不和，出奔于鲁；而《春秋》为讳，不言来奔㉓，伤其祸殃自此始也。是后尹氏世卿而专恣㉔，诸侯背畔而不朝，周室卑微。二百四十二年之间㉕，日食三十六㉖，地震五㉗，山陵崩阤二㉘，彗星三见㉙，夜常星不见，夜中星陨如雨一㉚，火灾十四㉛。长狄入三国㉜，五石陨坠㉝，六鹢退飞㉞，多麋㉟，有蜮、蜚㊱，鸲鹆来巢者㊲，皆一见。昼冥晦㊳。雨木冰㊴。李梅冬实。七月霜降，草木不死㊵。八月杀菽㊶。大雨雹。雨雪雷霆失序相乘㊷。水、旱、饥，蝝、螽、螟㊸蜂午并起㊹。当是时，祸乱辄应，弑君三十六㊺，亡国五十二㊻，诸侯奔走㊼，不得保其社稷者，不可胜数也。周室多祸：晋败其师于贸戎㊽；伐其郊㊾；郑伤桓王㊿；戎执其使[51]；卫侯朔召不往，齐逆命而助朔[52]；五大夫争权，三君更立，莫能正理[53]。遂至陵夷[54]不能复兴。由此观之，和气致祥，乖气致异；祥多者其国安，异众者其国危，天地之常经，古今之通义也。

---

①禹作司空，弃后稷，契司徒，咎繇作士垂共工，益朕虞，

伯夷秩宗，夔乐，龙纳言，凡九官。 ②韶：舜乐名。举箫管之属，言其备也。言韶乐九奏，则凤凰见其容仪。 ③击钟鸣磬，而百兽相率来舞，言感至和。 ④言文王始受命作周。⑤杂遝：聚积貌。 ⑥虞芮二国君争田，质成一周，入周境，见其礼让之风，乃感而退，以其所争为间田。 ⑦《诗·周颂·清庙》语。于：叹辞。穆：美。肃：敬。雍：和。显：明。相：助。济济：盛貌。言文王有清净之化，敬而且和，光明著见，故济济之众士，皆执行文王之德。 ⑧《诗·周颂·雝》语。相：助。辟：百辟。公：诸侯。言有此宾客，以和而来，至止而敬者，乃助王祭之人，百辟与诸侯耳，于是时天子则穆穆然。⑨《诗·执竞》语。穰穰：多貌。 ⑩《诗·思文》语。贻：遗也。麰：读如来。牟：音牟。言天遗此物。 ⑪《诗·小雅·角弓》语，刺幽王也。良：善也。言人各为不善，其意乖离，而相怨。 ⑫歙歙，与下訿訿，皆有莫供职之意。 ⑬《诗·小雅·小旻》语，亦刺幽王也。言在位卿士，歙歙然患其上，訿訿然不供职，各失臣节，甚可哀痛，而谋之善者，则背违之，不善之谋，依而施用。 ⑭桡：屈。不为众曲而自屈。 ⑮《诗·小雅·十月之交》语，刺幽王也。密勿：黾勉。嗸嗸：众声。言已黾勉行事，不敢自陈劳苦，实无罪辜，而被谗谮，嗷嗷然也。⑯自此以下，至百川沸腾，皆《十月之交》诗。孔：甚。丑：恶。周之十月，为夏之八月，朔日有辛卯，日月交会，而日见蚀，阴侵于阳，辛，金日。卯，木辰，以卯侵金，则臣侵君，故甚恶之。 ⑰微：亏微。言彼月者，当有亏耳，而今此日乃复微。言君臣失道，是为灾异，故令人甚哀。 ⑱鞫：告。言日月不用其当行之道，以告凶灾者，由四方之国无政理，不能用善人。 ⑲沸：涌出。腾：乘。冢：山顶。卒：尽。胡：何。憯：曾。惩：乂。言百川沸涌而相乘，山顶隆高而尽崩坏，陵谷易处，尊卑失序，咎异大矣，诚可畏惧，哀哉，今人何为曾莫创乂。 ⑳《诗·小雅·正月》语。正月，夏之四月，为正阳之月，故曰正月。繁：多。讹：伪。将：大。言王政乖舛，阳月多霜，害于生物，故为忧伤，而民人共为伪言，以是为非，排斥贤人，祸甚大。 ㉑贤人在下，不肖居上，故曰易位。 ㉒彘：故城在今山西霍县东北。厉王无道，国人叛而袭之，王奔彘。幽王无道，犬戎攻王而杀之。 ㉓不谓蔡伯为奔也。 ㉔尹氏：天子大夫，为世卿，其卒也，经真书尹氏，以其为世卿，非礼也。 ㉕孔子作《春秋》，自鲁隐公元年起，至哀公十四年止，为春秋时代，其间隐公十一年，桓公十八年，庄公三十二年，闵公二年，僖公三十三年，文公十八年，宣公十八年，成公十八年，襄公三十一年，昭公三十二年，定公十五年，哀公十四年，凡二百四十二年。 ㉖谓隐三年二月己巳；桓三年七月壬辰朔，十七年十月朔；庄十八年三月，二十五年六月辛未朔，二十六年十二月癸亥朔，三十年九月庚午朔；僖五年九月戊申朔，十二年三月庚午，十五年五月；文元年二月癸亥朔，十五年六月辛丑朔；宣八年七月甲子，十年四月丙辰，十七年六月癸卯；成十六年六月丙寅朔，十七年十二月丁巳朔；襄十四年二月乙未朔，十五年秋八月丁巳，二十年冬十月丙辰朔，二十一年九月庚戌朔，冬十月庚辰朔，二十三年二月癸酉朔，二十四年秋七月甲子朔，八月癸巳朔，二十七年冬十二月乙亥朔；昭七年夏四月甲辰朔，十五年六月丁巳朔，十七年夏六月甲戌朔，二十一年秋七月壬午朔，二十二年十二月癸酉朔，二十四年夏四月乙未朔，二十一年十二月辛亥朔；定五年正月辛亥朔，十二年十一月丙寅朔，十五年八月庚辰朔，凡三十六也。 ㉗文九年九月癸酉，襄十六年五月甲子，昭十九年五月己卯，二十三年八月乙未，哀三年四月甲午，凡五也。 ㉘陁：下颓。谓僖公十四年八月辛卯沙鹿崩，成五年夏梁山崩，凡二也。 ㉙谓文公十四年秋七月，有星孛入于北斗，昭十七年冬，有星孛于大辰，哀公十三年冬十一月，有星孛于东方。 ㉚常星：即恒星。夜间星与雨偕陨。事皆在庄公七年。 ㉛桓公十四年御廪，庄公二十年齐，僖公二十年西宫，成公三年新宫，襄公九年宋，三十年宋，昭公九年陈，十八年宋，卫，陈，郑，定公二年雉门及两观，哀公三年桓宫僖宫，四年亳社灾，凡十四也。 ㉜长狄：春秋时夷国，一名鄋瞒，在今山东历城县北境；一说，今高苑县有废临济城，古狄邑，即长狄所居。长狄有兄弟三人，一名荣如，之齐，一名乔如，之鲁，一名焚如，之晋。 ㉝谓僖公十六年正月戊申朔，陨石于宋五。 ㉞鹢：水鸟名。谓是月六鹢退飞过宋都。 ㉟庄公十七年冬多麋。 ㊱蜮：短尾狐。庄公十八年秋有蜮。蜚：害虫名。庄公二十九年秋有蜚。 ㊲鸲鹆：鸟名，俗名八哥。昭公二十五年夏，有鸲鹆来巢。 ㊳冥晦：昏暗也。僖公十五年九月己卯，晦，震夷伯之庙。晦：冥也。 ㊴木冰：气着树木，结为冰也。事在成公十六年正月。 ㊵僖公三十三年经曾书冬陨霜不杀草，李梅实未知何月；或谓七月疑为十月之讹，周十二月为夏十月，又应倒其文为：“十月霜降，草木不死，李梅实。”文义即俱显云。　㊶菽：豆。谓为定公元年十月，陨霜杀菽，周之十月，为夏之八月。　㊷隐公九年三月癸酉，大雨震电，庚辰大雨雪，庄公六年冬十月雨雪，僖公十年冬大雨雪。　㊸蝝：蝗子之未生翅者。螽：即螟也。桓公元年秋大水，十三年夏大水，庄公七年秋大水，十一年秋宋大水，二十四年秋大水，二十五年秋大水，宣公十年秋大水，成公五年秋大水，襄公二十四年秋七月大水，僖公二十一年夏大旱，宣公七年秋大旱，宣公十年冬饥，十五年冬蝝生，饥，襄公二十四年冬大饥，桓公五年秋螽，僖公十五年八月螽，文公二年秋雨螽于宋，八年冬螽，宣公六年八月螽，十三年秋十五年秋螽，襄公七年八月螽，哀公十二年十二月螽，十三年九月螽，十二月螽，隐公五年九月螟，八年九月螟，庄公六年秋螟，皆是也。㊹蜂午：犹杂沓。　㊺隐公四年，卫州吁弑其君完，十一年，羽父使贼弑公于寪氏；桓公二年，宋督弑其君与夷，七年，曲沃伯诱晋小子侯，弑之，十七年，郑高渠弥弑昭公；庄公八年，齐无知弑其君诸儿，十二年，宋万弑其君捷，十四年，傅瑕弑其君郑子，三十二年，共仲使圉人荦贼子般；闵二年，共仲使卜齮贼公于武闱；僖公十年，晋里克弑其君卓，二十四年，晋弑怀公于高粱；文元年，楚太子商臣弑其君頵，十四年，齐公子商人弑其君舍，十六年，宋人弑其君杵臼，十八年，齐人弑其君商人，鲁襄仲杀子恶莒弑其君庶其；宣公二年，晋赵盾弑其君夷皋，四年，郑公子归生弑其君夷，十年，陈夏徵舒弑其君平国；成公十八年，晋弑其君州蒲；襄公七年，郑子驷使贼夜弑僖公，二十五年，齐崔杼弑其君光，二十六年，卫宁喜弑其君剽，二十九年，阍弑吴子余祭，三十年，蔡太子般弑其君固，三十一年，莒人弑其君密州；昭元年，楚公子围问王疾，缢而弑之，十三年，楚公子比弑其君虔于乾谷，十九年，许太子止弑其君买，二十七年，吴弑其君僚；定十三年，薛弑其君比；哀公四年，盗杀蔡侯申，六年，齐陈乞弑其君荼，十年，齐人杀悼公，凡三十六。 ㊻桓公五年，州公如曹；庄四年，纪侯大去其国，十年，齐师灭谭，十三年，齐人灭遂，十四年，楚子灭息，十六年，楚灭邓；闵公元年，晋灭耿灭霍灭魏；僖公五年，楚灭弦，晋灭虢灭虞，十二年，楚人灭黄，十七年，楚灭项，十九年，秦人取梁，二十五年，卫侯毁灭邢，二十六年，楚人灭夔，三十三年，秦灭滑；文公四年，楚灭江，五年，楚人灭六灭蓼，十六年，楚人秦人巴人灭庸；宣公八年，楚人灭舒蓼，九年，取根牟，十二年，楚子灭萧，十五年，晋师灭赤狄潞氏；成公六年，取鄟，十七年，楚灭舒庸；襄公六年，莒人灭鄫，齐侯灭莱，十年，诸侯灭偪阳，十三年，取邿，二十五年，楚灭舒鸠；昭公四年，楚子灭赖，十三年，晋灭肥，十六年，楚子取戎蛮氏，十七年，晋灭陆浑戎，二十一年，晋灭鼓，三十年，吴灭徐；定公四年，蔡灭沈，五年，楚灭唐，六年，郑灭许，十四年，楚人灭顿，十五年，楚子灭胡；哀公八年，宋公灭曹，邾灭须句，楚灭权，晋灭焦、杨，楚灭道、房、申，凡五十二。 ㊼奔走：出奔也。 ㊽贸戎：城名。㊾成公元年事。邓：周邑。昭公二十三年事。 ㊿王以诸侯伐郑，郑伯御之，射王，中肩，事在桓公五年。 (51)隐公七年，天王使凡伯来聘，戎执凡伯于楚丘。 (52)桓公十六年，卫侯朔出奔齐，天子召而不往。 (53)周景王崩，单穆公、刘文公、巩简公、甘平公、召庄公五大夫相争夺，更立王子猛于朝及敬王，是谓三君。　　54陵夷：卑替。

“今陛下开三代之业，招文学之士，优游宽容，使得并进。今贤不肖浑殽，白黑不分，邪正杂糅[1]，忠谗并进。章交公车[2]，人满北军[3]。朝臣舛午[4]，胶戾乖剌[5]，更相谗诉，转相是非。传授增加，文书纷纠，前后错缪，毁与浑乱[6]。所以营或耳目，感移心意[7]，不可胜载。分曹为党[8]，往往群朋，将同心以陷正臣。正臣进者，治之表也；正臣陷者，乱之机也。乘治乱之机，未知孰任，而灾异数见，此臣所以寒心者也。夫乘权借势之人，子弟鳞集于朝[9]，羽翼阴附者众，辐凑于前[10]，毁誉将必用，以终乖离之咎[11]。是以日月无光，雪霜夏陨，海水沸出，陵谷易处，列星失行[12]，皆怨气之所致也。夫遵衰周之轨迹，循诗人之所刺，而欲以成太平，致雅颂[13]，犹却行而求及前人也。初元以来六年矣[14]，案《春秋》六年之中，灾异未有稠如今者也[15]。夫有《春秋》之异，无孔子之救，犹不能解纷，况甚于《春秋》乎！

---

①糅：和也。　　②公车：官署名，汉时应征之人，皆由公家以车递送至京，待诏此署。此言上章于公车者多，不为处理。③汉禁卫军，在城内者为南军，在城外者为北军。　　④舛午：违背。　　⑤胶戾：邪曲。乖剌：违忤。言志意不和，各相违

背。 ⑥言各任私情，不得其实。 ⑦言其诬罔天子。营：谓回绕之。或：同“惑”。 ⑧曹：辈。 ⑨言其相次如鱼鳞。 ⑩辐凑：言如车辐之归于毂。 ⑪言谗佞之人，毁誉得进，则忠贤被斥，日以乖离。 ⑫列星：恒星。 ⑬雅颂：《诗》有六义，一曰风，二曰赋，三曰比，四曰兴，五曰雅，六曰颂。引伸其义为盛世之乐。 ⑭初元：元帝年号。 ⑮稠：多。

“原其所以然者，谗邪并进也。谗邪之所以并进者，由上多疑心，既已用贤人而行善政，如或谮之，则贤人退而善政还①。夫执狐疑之心者，来谗贼之口；持不断之意者，开群枉之门②。谗邪进则众贤退，群枉盛则正士消。故《易》有‘否’、‘泰’③。小人道长，君子道消，君子道消，则政日乱，故为‘否’。否者，闭而乱也。君子道长，小人道消，小人道消，则政日治，故为‘泰’。泰者，通而治也。《诗》又云：‘雨雪麃麃，见晛聿消’④，与《易》同义。昔者鲧、共工、驩兜与舜、禹杂处尧朝⑤，周公与管、蔡并居周位⑥，当是时，迭进相毁⑦，流言相谤，岂可胜道哉！帝尧、成王能贤舜、禹、周公而消共工、管、蔡，故以大治，荣华至今。孔子与季、孟偕仕于鲁⑧，李斯与叔孙⑨俱宦于秦，定公⑩、始皇贤季、孟、李斯而消孔子、叔孙，故以大乱，污辱至今。故治乱荣辱之端，在所信任；信任既贤，在于坚固而不移。《诗》云：‘我心匪石，不可转也’。⑪言守善笃也。《易》曰：‘涣汗其大号’。[12]言号令如汗，汗出而不反者也。今出善令，未能逾时而反，是反汗也；用贤未能三旬而退，是转石也。《论语》曰：“见不善如探汤”。[13]今二府奏佞谄不当在位[14]，历年而不去。故出令则如反汗，用贤则如转石，去佞则如拔山，如此望阴阳之调，不亦难乎！

---

①还：收还。　②枉：曲。　③《否》《泰》：皆《易》卦名，二卦相接。　④《诗·小雅·角弓》语，刺幽王好谗佞之诗。瀌瀌：盛也。见：无云也。晛（xiàn）：日气。聿：辞。言雨雪之盛瀌瀌然，至于无云，日气始出，而雨雪皆消释矣。喻小人虽多，王若欲兴善政，则贤者升用而小人诛灭矣。⑤鲧：禹父。共工：少皞氏之后。驩兜：帝鸿氏之后。三人与三苗称四凶，皆为舜所诛。　⑥管、蔡：管叔鲜，蔡叔度，皆武王弟，周公辅成王，二人流言公将不利于王，公讨而诛之。　⑦迭：互。　⑧季、孟：鲁世卿，皆桓公后，执国权，卑公室。⑨叔孙：指叔孙通。　⑩定公：鲁定公。　⑪《诗·柏舟》语。言石性虽坚，尚可移转，己志贞确，执德不倾，过于石。⑫《易·涣卦》语。言王者涣然大发号令，如汗之出。　⑬探汤：言其除难无所避。　⑭二府：指丞相、御史。

“是以群小窥见间隙，缘饰文字，巧言丑诋[1]，流言飞文[2]，哗于民间[3]。故《诗》云：‘忧心悄悄，愠于群小。’[4]小人成群，诚足愠也。昔孔子与颜渊、子贡更相称誉，不为朋党；禹、稷与皋陶传相汲引，不为比周⑤。何则？忠于为国，无邪心也。故贤人在上位，则引其类而聚之于朝，《易》曰：‘飞龙在天，大人聚也。’⑥在下位，则思与其类俱进，《易》曰：‘拔茅茹以其汇，征吉。’⑦在上则引其类，在下则推其类，故汤用伊尹⑧，不仁者远，而众贤至，类相致也。今佞邪与贤臣并在交戟之内⑨，合党共谋，违善依恶，歙歙訿訿⑩，数设危险之言，欲以倾移主上。如忽然用之⑪，此天地之所以先戒，灾异之所以重至者也。自古明圣，未有无诛而治者也，故舜有四放之罚⑫，而孔子有两观之诛⑬，然后圣化可得而行也。

①诋：毁辱。　②放言于外以诬人曰“流言”，为飞书以诋毁，若今之匿名信，曰“飞文”。　③哗：吵嚷。　④此《柏舟》诗，喻仁而不遇。悄悄：忧貌。愠：怒。　⑤传：递。比周：阿党。　⑥《易·乾卦》语。　⑦《易·泰卦》辞。茹：牵引。汇：类。此喻君有洁白之德，臣下引其类而仕。⑧伊尹相汤，放桀，伐夏有天下。　⑨交戟：谓宿卫者。⑩歙歙訿訿：注见前。　⑪忽然：不加意。　⑫流共工于幽州，放驩兜于崇山，窜三苗于三危，殛鲧于羽山。　⑬两观：阙也。少正卯，奸人之雄，故孔子为鲁司寇七日，诛之于两观之下。

“今以陛下明知，诚深思天地之心，迹察两观之诛①，览“否”“泰”之卦，观雨雪之诗，历②周、唐之所进以为法，原③秦、鲁之所消以为戒，考祥应之福，省④灾异之祸，以揆⑤当世之变，放远佞邪之党，坏散险诐⑥之聚，杜⑦闭群枉之门，广开众正之路，决断狐疑，分别犹豫，使是非炳然⑧可知，则百异消灭，而众祥并至，太平之基，万世之利也。臣幸得托肺附⑨，诚见阴阳不调，不敢不通⑩所闻。窃推《春秋》灾异，以（效）[救]今事一二，条其所以⑪，不宜宣泄。臣谨重封昧死上！”

---

①迹察：寻其余迹而察之。②历：历观。③原：谓思其本。④省：视。⑤揆：度。⑥险言曰“诐”。⑦杜：塞。⑧炳然：明。⑨肺附：旧解谓肝肺相附着，犹言心腹。⑩通：陈道。⑪以：由。

恭、显见其书，愈与许、史比而怨更生等。堪性公方，自见孤立，遂直道而不曲。是岁夏寒，日青无光，恭、显及许、史皆言堪、猛用事之咎。上内重堪，又患众口之浸润①，无所取信。时长安令②杨兴以材能幸，常称誉堪。上欲以为助，乃见问兴：“朝臣龂龂不可光禄勋③，何邪？”兴者，倾巧士④，谓上疑堪，因顺指⑤曰：“堪非独不可于朝廷，自州里⑥亦不可也。臣见众人闻堪前与刘更生等谋毁骨肉，以为当诛，故臣前言堪不可诛伤，为国养恩也。”上曰：“然此何罪而诛？今宜奈何？”兴曰：“臣愚以为可赐爵关内侯，食邑三百户，勿令典事。明主不失师傅之恩，此最策之得者也。”上于是疑。会城门校尉诸葛丰亦言堪、猛短，上因发怒免丰。语在其传。又曰：“丰言堪、猛贞信不立，朕闵而不治，又惜其材能未有所效，其左迁堪为河东太守⑦，猛槐里令⑧。”

显等专权日甚。后三岁余，孝宣庙阙灾；其晦，日有蚀之。于是上召诸前言日变在堪、猛者责问，皆稽首谢。乃因下诏曰：“河东太守堪，先帝贤之，命而傅朕。资质淑茂⑨，道术通明，论议正直，秉心有常，发愤悃愊⑩，信有忧国之心。以不能阿尊事贵，孤特寡助，抑厌遂退⑪，卒不克明⑫。往者众臣见异⑬，不务自修，深惟其故，而反晻昧说天⑭，托咎此人。朕不得已，出而试之，以彰其材。堪出之后，大变仍臻，众亦嘿然⑮。堪治未期年，而三老官属有识之士咏颂其美，使者过郡，靡人不称⑯。此固足以彰先帝之知人，而朕有以自明也。俗人乃造端作基，非议诋欺⑰，或引幽隐，非所宜明，意疑以类，欲以陷之，朕亦不取也。朕迫于俗，不得专心，乃者天著大异，朕甚惧焉。今堪年衰岁暮，恐不得自信⑱，排于异人，将安究之哉？其征堪诣行在所。”拜为光禄大夫，秩中二千石，领尚书事。猛复为太中大夫给事中。显干⑲尚书[事]，尚书五人，皆其党也。堪希得见，常因显白事，事决显口。会堪疾喑，不能言而卒。显诬谮猛，令自杀于公车⑳。更生伤之，乃著《疾谗》《擿要》《救危》及《世颂》，凡八篇，依兴㉑古事，悼己及同类也。遂废十余年。成帝即位，显等伏辜，更生乃复进用，更名向。向以故九卿召拜为中郎，使领护三辅都水㉒。数奏封事，迁光禄大夫。

---

①谮人之言，如水之浸润，渐以成之。　②长安：见《高帝纪》。　③龂龂：忿嫉之意。不可：不满。时堪为光禄勋。④偏侧不正，黠慧而伪曰“倾巧”。　⑤顺指：顺上意而言。⑥同州乡而居者为州里。　⑦河东：秦郡，在今山西境内，黄河以东之地。　⑧槐里：汉县，故城在今陕西兴平县东南。⑨淑：善。茂：美。　⑩悃愊：至诚。　⑪厌：不伸。⑫卒：终。克：能。　⑬异：灾异。　⑭晻昧：不明。⑮嘿：同“默”。　⑯靡：无。　⑰诋：毁。　⑱信：同“伸”。　⑲干：同“管”。言主管其事。　⑳公车：见前。　㉑兴：比喻。　㉒汉以京兆、左冯翊、右扶风为三辅，即今陕西中部之地。都水：官名，主陂池灌溉，保守河渠事。

是时，帝元舅阳平侯王凤为大将军秉政，倚太后①，专国权，兄弟七人皆封为列侯。时数有大异，向以为外戚贵盛，凤兄弟用事之咎。而上方精于《诗》《书》，观古文，诏向领校中《五经》秘书②。向见《尚书·洪范》，箕子为武王陈五行阴阳休咎之应。向乃集合上古以来历春秋六国至秦、汉符瑞灾异之记，推迹行事，连传祸福，著其占验，比类相从，各有条目，凡十一篇，号曰《洪范五行传论》，奏之。天子心知向忠精，故为凤兄弟起此论也，然终不能夺王氏权。

---

①太后：为元帝后王氏。　②言中者，别于外也。西汉中秘书，当指天禄、石渠二阁所藏而言。其余有太常藏书、太史令藏书、温室藏书。

久之，营起昌陵，数年不成，复还归延陵①，制度泰奢。向上疏谏曰："臣闻《易》曰：'安不忘危，存不忘亡，是以身安而国家可保也。'②故贤圣之君，博观终始，穷极事情，而是非分明。王者必通三统③，明天命所授者博，非独一姓也。孔子论《诗》，至于'殷士肤敏，祼将于京④'。喟然叹曰：'大哉天命！善不可不传于子孙，是以富贵无常；不如是，则王公其何以戒慎，民萌⑤何以劝勉！'盖伤微子之事周，而痛殷之亡也。虽有尧、舜之圣，不能化丹朱之子；虽有禹、汤之德，不能训末孙之桀、纣。自古及今，未有不亡之国也。昔高皇帝既灭秦，将都洛阳，感寤刘敬之言，自以德不及周，而贤于秦，遂徙都关中，依周之德，因秦之阻。世之长短，以德为效⑥，故常战栗，不敢讳亡。孔子所谓'富贵无常'，盖谓此也。

---

①成帝以渭城延陵亭部为初陵，在建始二年以新丰戏乡为昌陵县，在鸿嘉元年罢昌陵，反故陵在永始元年，所谓反故陵，此即文复归延陵。　②《易·下系》之辞。　③周以十一月建

子为正，为天统，商以十二月建丑为正，为地统，夏以十三月建寅为正，为人统。三统：言王者象天地人之三统，故存三代。④《诗·大雅·文王》语。殷士：殷之卿士。肤：美。敏：疾。裸：灌鬯。将：行。京：周京。言殷之臣有美德而敏疾，乃来助祭于周，行裸鬯之事，是天命无常，归于有德。　⑤民萌：犹言人民。　⑥效：征验。

“孝文皇帝居霸陵①，北临厕②，意凄怆悲怀，顾谓群臣曰：‘嗟乎！以北山石为椁③，用纻絮斫陈漆其间④，岂可动哉！’张释之进曰：‘使其中有可欲，虽锢南山犹有隙⑤；使其中无可欲，虽无石椁，又何戚焉⑥！’夫死者无终极，而国家有废兴，故释之之言，为无穷计也。孝文寤焉，遂薄葬，不起山坟。

“《易》曰：‘古之葬者，厚衣之以薪，臧之中野，不封不树。后世圣人易之以棺椁⑦。’棺椁之作，自黄帝始。黄帝葬于桥山⑧，尧葬济阴⑨，丘垄皆小⑩，葬具甚微。舜葬苍梧⑪，二妃不从⑫。禹葬会稽⑬，不改其列⑭。殷汤无葬处⑮。文、武、周公葬于毕⑯，秦穆公葬于雍橐泉宫祈年馆下⑰，樗里子葬于武库⑱，皆无丘陇之处。此圣帝明王贤君智士远览独虑无穷之计也。其贤臣孝子亦承命顺意而薄葬之，此诚奉安君父，忠孝之至也。

“夫周公，武王弟也，葬兄甚微。孔子葬母于防⑲，称古墓而不坟⑳，曰：‘丘，东西南北之人也，不可不识也㉑。’

为四尺坟，遇雨而崩。弟子修之，以告孔子，孔子流涕曰：‘吾闻之，古者不修墓。’盖非之也。延陵季子适齐而反，其子死，葬于嬴、博之间㉒，穿不及泉，敛以时服，封坟掩坎，其高可隐㉓，而号㉔曰：‘骨肉归复于土，命也，魂气则无不之也。’夫嬴、博去吴千有余里，季子不归葬。孔子往观曰：‘延陵季子于礼合矣。’故仲尼孝子，而延陵慈父，舜禹忠臣，周公弟弟㉕，其葬君亲骨肉，皆微薄矣；非苟为俭，诚便于体也。

---

①霸陵：见《文帝纪》。　②高岸夹水为厕。　③北山：在今陕西北部，产美石。椁：外棺。　④纻絮：可以纻衣之絮。斮：斩。言以纻絮斮而陈其间。又从而漆之。　⑤锢：铸塞。言厚葬则其中有可欲，虽塞南山，亦如有间隙，为人所发。　⑥如薄葬则中无可欲，无人欲发，即非石椁，亦不患有人掘取。　⑦厚衣之以薪：积薪以覆之。不封：不聚土为坟。不树：不种树。　⑧桥山：在今河北涿鹿县东南。　⑨济阴：在今山东菏泽市东北。　⑩丘垄：冢坟。　⑪苍梧：汉郡，即今广西苍梧县。　⑫二妃：尧之二女，皆舜妃。不从：不从殉葬。　⑬会稽：秦郡，今江苏东部、浙江大部皆其地。⑭列：市肆。言不改市肆，无烦于民。　⑮不知其葬处。⑯毕：一名毕原，在今陕西境。　⑰雍：见《高帝纪》。⑱樗里子：秦惠王异母弟。樗里子葬地，后为武库，在今陕西西安市东北。　⑲防：邑名，在今山东曲阜市东。　⑳墓：谓

圹穴；坟：谓积土。　㉑东南西北：言周游以行其道，不得专在本邦，故墓须表识。　㉒嬴、博：二邑名，皆在泰山，季子子死是间。　㉓隐：据。高可手据，约四尺。　㉔号：复也，招魂也。　㉕弟弟：言弟能顺理。

“宋桓司马①为石椁，仲尼曰‘不如速朽’。秦相吕不韦集知略之士而造《春秋》，亦言薄葬之义②，皆明于事情者也。

“逮至吴王阖闾，违礼厚葬，十有余年，越人发之。及秦惠文、武、昭、严襄五王③，皆大作丘陇，多其瘗臧④，咸尽发掘暴露，甚足悲也！秦始皇帝葬于骊山之阿⑤，下锢三泉，上崇山坟，其高五十余丈，周回五里有余；石椁为游馆⑥，人膏为灯烛，水银为江海，黄金为凫雁，珍宝之臧，机械之变⑦，棺椁之丽，宫馆之盛，不可胜原⑧。又多杀宫人，生薶工匠⑨，计以万数。天下苦其役而反之，骊山之作未成，而周章百万之师至其下矣⑩。项籍燔其宫室营宇，往者咸见发掘。其后牧儿亡羊，羊入其凿⑪，牧者持火照求羊，失火烧其臧椁。自古至今，葬未有盛如始皇者也，数年之间，外被项籍之灾，内离牧竖之祸⑫，岂不哀哉！

“是故德弥厚者葬弥薄，知愈深者葬愈微。无德寡知，其葬愈厚，丘陇弥高，宫庙甚丽，发掘必速。由是观之，明暗之效，葬之吉凶，昭然可见矣。

---

①桓司马：名魋。　②《吕氏春秋》有文，极言薄葬。　③严襄：即庄襄。按惠文武昭严襄共四王，此云五王者，盖以昭王之后尚有孝文王，传脱“孝文”二字。　④瘗（yì）：埋。　⑤阿：山曲。　⑥多累石作椁于圹中，以为离宫别馆。　⑦作机发木人之属，尽其巧变以封之。　⑧原：量。　⑨薶（mái）：埋。　⑩周章：陈胜之将。　⑪凿：隧，地道，自平地下斜以入茔圹者。　⑫离：遭。

“周德既衰而奢侈，宣王贤而中兴，更为俭宫室，小寝庙。诗人美之，《斯干》之诗是也①，上章道宫室之如制，下章言子孙之众多也。及鲁严公刻饰宗庙②，多筑台囿，后嗣再绝③，《春秋》刺焉。周宣如彼而昌，鲁、秦如此而绝，是则奢俭之得失也。

---

①《诗·小雅》篇。　②鲁严公：庄公。庄公丹桓宫之楹，刻其桷，以将迎夫人于齐，故饰之。　③谓庄公子子般闵公皆被杀，僖公得立也。

“陛下即位，躬亲节俭，始营初陵，其制约小，天下莫不称贤明。及徙昌陵，增埤①为高，积土为山，发民坟墓，积以万数，营起邑居，期日迫卒，功费大万百余②，死者恨于下，生者愁于上，怨气感动阴阳，因之以饥馑，物故流离③以十万数，臣甚惽焉④！以死者为有知，发人之墓，其害多矣；若其无知，又安用大！谋之贤知则不说，以示众庶则苦之；若苟以说愚夫淫侈之人，又何为哉！

---

①埤：下。　②大万：犹巨万。汉五铢泉范底题字，有“富人大万”四字，又有“乐当大万”瓦文，与本文合，大万盖为西汉人之习俗语。（从陈直说）　③物故：谓死亡。流离：谓失之居处。　④惽：忧病。

“陛下慈仁笃美甚厚，聪明疏达盖世，宜弘汉家之德，崇刘氏之美，光昭五帝、三王，而顾①与暴秦乱君竞为奢侈，比方丘垄，说愚夫之目，隆一时之观，违贤知之心，亡万世之安，臣窃为陛下羞之！唯陛下上览明圣黄帝、尧、舜、禹、汤、文、武、周公、仲尼之制，下观贤知穆公、延陵、樗里、张释之之意。孝文皇帝去坟薄葬，以俭安神，可以为则；秦昭、始皇增山厚臧，以侈生害，足以为戒。初陵之橅②，宜从公卿大臣之议，以息众庶③。”

---

①顾：反。　②橅（mó）：谓规度墓地。　③言使众民得安息。

书奏，上甚感向言，而不能从其计。

向睹俗弥奢淫，而赵、卫之属①起微贱，逾礼制。向以为王教由内及外，自近者始。故采取《诗》《书》所载贤妃贞妇，兴国显家可法则，及孽嬖乱亡者[2]，序次为《列女传》，凡八篇，以戒天子。及采传记行事，著《新序》《说苑》，凡五十篇奏之。数上疏言得失，陈法戒。书数十上，以助观览，补遗阙。上虽不能尽用，然内嘉其言，常嗟叹之。

①赵卫之属：指赵皇后昭仪及卫婕妤。 ②孽：庶也。嬖：爱也。

时上无继嗣，政由王氏出，灾异浸甚。向雅奇陈汤智谋[1]，与相亲友，独谓汤曰："灾异如此，而外家日盛，其渐必危刘氏。吾幸得同姓末属，累世蒙汉厚恩，身为宗室遗老，历事三主[2]。上以我先帝旧臣，每进见常加优礼，吾而不言，孰当言者！"向遂上封事极谏曰：

"臣闻人君莫不欲安，然而常危，莫不欲存，然而常亡，失御臣之术也。夫大臣操权柄，持国政，未有不为害者也。昔晋有六卿[3]，齐有田、崔[4]，卫有孙、宁[5]，鲁有季、孟[6]，常掌国事，世执朝柄。终后田氏取齐[7]；六卿分晋[8]；崔杼弑其君光[9]；孙林父、甯殖出其君衎，弑其君剽[10]；季氏八佾舞于庭[11]，三家者以《雍》彻[12]，并专国政，卒逐昭公[13]。周大夫尹氏管朝事[14]，浊乱王室，子朝、子猛更立，连年乃定。故经曰'王室乱'，又曰'尹氏杀王子克'，甚之也[15]。《春秋》举成败，录祸福，如此类甚众，皆阴盛而阳微，下失臣道之所致也。故《书》曰：‘臣之有作威作福，害于而家，凶于而国。’⑯孔子曰‘禄去公室，政逮大夫’⑰危亡之兆。

---

①雅：素也。陈汤：瑕丘人，字子公，博达多谋。　②向历宣、元、成三朝，故云历事三主。　③六卿：智范中行韩魏赵也。　④田敬仲后及崔杼也。　⑤孙氏宁氏专卫族。　⑥季、孟：见前。　⑦田午并齐，称田齐。　⑧智范中行后皆灭绝，韩魏赵益强，遂分晋而为诸侯。　⑨齐庄公名光。　⑩卫献公名衎。卫殇公名剽。殇公实宁喜所弑。　⑪八佾：古天子所用乐舞也，季氏用八佾，僭也。　⑫三家：孟孙、叔孙、季孙。雍：《诗·周颂》篇名，彻：祭毕而收其俎也。天子宗庙之祭，则歌《雍》以彻，是时三家僭用之。　⑬三家久专鲁政，至昭公，卒被逐。　⑭事见前。　⑮经：《春秋》也。甚：言其恶大甚也。今经文不见杀王子克，但有立王子朝。　⑯《书·洪范》之辞。而：汝也。言唯君得作威作福，臣下为之，则致凶害也。　⑰语见《论语》。言政不由君，下及大夫也。

“秦昭王舅穰侯及泾阳、叶阳君专国擅势①，上假太后之威，三人者权重于昭王，家富于秦国，国甚危殆，赖寤范雎之言，而秦复存②。二世委任赵高，专权自恣，壅蔽大臣，终有阎乐望夷之祸③，秦遂以亡。近事不远，即汉所代也。

“汉兴，诸吕无道，擅相尊王。吕产、吕禄席太后之宠④，据将相之位，兼南北军之众，拥梁、赵王之尊⑤，骄盈无厌，欲危刘氏。赖忠正大臣绛侯、朱虚侯等竭诚尽节以诛灭之，然后刘氏复安。

---

①穰侯：魏冉也。泾阳叶阳皆昭王母弟也。　②范雎：魏人，字叔，入秦，说昭王，言三人权太重，昭王寤而黜三人。③望夷：秦宫名。秦二世斋于望夷宫，阎乐以兵杀之。望夷宫遗址，今在咸阳城北，顺陵之东北，与《博物志》所言正合，颜师古注疑之非也。　④席：因也。太后：吕后也。　⑤吕后立兄子吕台为吕王，吕产为梁王，吕禄为赵王。

“今王氏一姓乘朱轮华毂者①二十三人，青紫貂蝉②充盈幄内，鱼鳞左右③，大将军秉事用权，五侯④骄奢僭盛，并作威福，击断自恣，行污而寄治⑤，身私而托公⑥，依东宫之尊⑦，假甥舅之亲，以为威重。尚书九卿州牧郡守皆出其门，管执枢机，朋党比周。称誉者登进，忤恨者诛伤⑧；游谈者助之说，执政者为之言。排摈宗室，孤弱公族，其有智能者，尤非毁而不进。远绝宗室之任，不令得给事朝省，恐其与己分权；数称燕王、盖主以疑上心⑨，避讳吕、霍而弗肯称。内有管、蔡之萌，外假周公之论，兄弟据重，宗族磐互⑩。历上古至秦汉，外戚僭贵未有如王氏者也。虽周皇甫、秦穰侯、汉武安、吕、霍、上官之属⑪，皆不及也。

---

①朱轮华毂：贵者所乘。　②青紫：皆绶色，列侯紫，二

千石青。貂蝉：侍中常侍冠饰，貂为貂尾。　③鱼鳞左右：言在帝之左右，相次若鱼鳞。　④五侯：见后《元后传》。⑤寄：托也。　⑥言内为污私之行，而外托治公之道。犹言假公济私。　⑦东宫：太后所居。　⑧忤：逆。恨：违。⑨示宗室亲近而反逆。　⑩磐互：磐结而交互。　⑪皇甫：周卿士字，周后宠之，因处盛位，见《诗·十月之交》。武安：指田蚡，封武安侯，武帝母王皇后异父弟。上官：指昭帝后上官氏。

"物盛必有非常之变先见，为其人微象。孝昭帝时，冠石立于泰山①，仆柳起于上林②。而孝宣帝即位，今王氏先祖坟墓在济南者③，其梓柱生枝叶，扶疏上出屋，根垂地中④，虽立石起柳，无以过此之明也。事势不两大，王氏与刘氏亦且不并立，如下有泰山之安，则上有累卵之危。陛下为人子孙，守持宗庙，而令国祚移于外亲，降为皂隶⑤，纵不为身，奈宗庙何！妇人内夫家，外父母家，此亦非皇太后之福也⑥。孝宣皇帝不与舅平昌、乐昌侯权⑦，所以全安之也。夫明者起福于无形，销患于未然。宜发明诏，吐德音，援近宗室⑧，亲而纳信，黜远外戚，毋授以政，皆罢令就弟，以则效先帝之所行，厚安外戚，全其宗族，诚东宫之意，外家之福也。王氏永存，保其爵禄，刘氏长安，不失社稷，所以褒睦外内之姓，子子孙孙无疆之计也。如不行此策，田氏复见于今，六卿必起于汉，为后嗣忧，昭昭甚明，不可不深图！不可不蚤虑！《易》曰："君不密，则失臣；臣不密，则失身；几事不密，则害成。"⑨唯陛下深留圣思，审固几密，览往事之戒，以折中取信，居万安之实，用保宗庙，久承皇太后。天下幸甚！”

书奏，天子召见向，叹息悲伤其意。谓曰：“君且休矣，吾将思之。”以向为中垒校尉⑩。

---

①冠山下有石自立，三石为足，一石在上，故曰冠石。②其树已死，僵仆于地，而更起生。上林：汉苑，在陕西西安市西周至、鄠县界。③济南：汉郡，在今山东境。王氏之先，为济南东平陵人。④说者谓垂系臿之误，臿与插，古字通。⑤皂隶：卑贱之人。⑥内：亲也。言妇人应内夫家，外父母家，而皇太后反外夫家，故云非福。⑦平昌侯王无故，乐昌侯王武。⑧援：引也。谓升引而附近之。⑨《易·上系》之辞。⑩中垒校尉：官名，掌北军垒门之内，又外掌西域。

向为人简易无威仪，廉靖乐道，不交接世俗，专积思于经术，昼诵书传，夜观星宿，或不寐达旦。元延中，星孛东井，蜀郡①岷山崩雍江②。向恶此异，语在《五行志》。怀不能已，复上奏，其辞曰：

“臣闻帝舜戒伯禹：‘毋若丹朱敖③。’周公戒成王：‘毋若殷王纣④。’《诗》曰：‘殷监不远，在夏后之世。’⑤亦言汤以桀为戒也。圣帝明王常以败乱自戒，不讳废兴，故臣敢极陈其愚，唯陛下留神察焉！

---

①蜀君：见《高帝纪》。②雍：同“壅”。③见

《书·益稷》。丹朱：尧子。敖：同“傲”。丹朱以不肖称。④见《书·亡逸》。　⑤《诗·大雅·荡》语。

“谨案春秋二百四十二年，日蚀三十六，襄公尤数，率三岁五月有奇而壹食。汉兴讫竟宁①，孝景帝尤数，率三岁一月而一食。臣向前数言日当食，今连三年比食②，自建始以来③，二十岁间而八食，率二岁六月而一发，古今罕有。异有小大希稠④，占有舒疾缓急，而圣人所以断疑也。《易》曰：‘观乎天文，以察时变。’⑤昔孔子对鲁哀公，并言夏桀、殷纣暴虐天下，故历失则摄提失方⑥，孟陬无纪⑦，此皆易姓之变也。秦始皇之末至二世时，日月薄食⑧，山陵沦亡，辰星出于四孟⑨，太白经天而行⑩，无云而雷⑪，枉矢夜光⑫，荧惑袭月⑬，孽火烧宫⑭，野禽戏廷⑮，都门内崩⑯，长人见临洮⑰，石陨于东郡⑱，星孛大角，大角以亡⑲。观孔子之言，考暴秦之异，天命信可畏也！

---

①竟宁：元帝年号。　②比：频也。　③建始：成帝年号。　④稠：密。　⑤《易·贲卦》辞。　⑥摄提：星名，随斗勺建十二月，历不正，则失其所建。　⑦首时为孟，正月为陬。　⑧薄：同“迫”。　⑨四孟：四时之孟月也。辰星当见四仲月。　⑩谓出东入西，出西入东也，太白阴星，出东当伏东，出西当伏西，过午为经天也。　⑪雷当托云，犹君之托臣也。二世不恤天下，人有叛心，此象其独号令而无臣也。　⑫枉矢：流星也，有声为天狗，无声为枉矢。　⑬荧

惑主内乱，月主刑，故赵高杀二世。⑭蘖：同“孽”，灾。⑮野鸟入处，主主人将去。⑯内崩：内向而崩。⑰临洮：秦县，即今甘肃岷县。⑱东郡：见《高帝纪》。⑲大角：星名，为天王坐席，流星茀之，因伏不见。

“及项籍之败，亦孛大角。汉之入秦，五星聚于东井①，得天下之象也。孝惠时，有雨血，日食于冲，灭光星见之异②。孝昭时，有泰山卧石自立，上林僵柳复起，大星如月西行，众星随之，此为特异。孝宣兴起之表，天狗夹汉而西，久阴不雨者二十余日，昌邑不终之异也。皆著于《汉纪》。观秦、汉之易世，览惠、昭之无后，察昌邑之不终，视孝宣之绍起，天之去就，岂不昭昭然哉！

①五星：指金、木、水、火、土星。东井：星名，秦之分野。高祖入秦，五星聚于东井，主其下当有圣人以义取天下。②日月行交通之冲，相薄而既，盖阴气盛，薄夺日光。

“高宗、成王亦有雊雉拔木之变①，能思其故，故高宗有百年之福②，成王有复风之报③。神明之应，应若景向④，世所同闻也。臣幸得托末属，诚见陛下有宽明之德，冀销大异，而兴高宗、成王之声，以崇刘氏，故狠狠数奸死亡之诛⑤。

①雊：雄雉鸣。殷高宗时，越有雊雉，见《书·高宗肜

日》。管蔡流言，周公东避，天大风拔木，见《书·金縢》。②殷高宗享国百年。　③成王因天变，迎周公归，天乃反风。复：反也。　④向：同“响”。　⑤豤豤：同“垦垦”，款诚之意。奸：犯。

“今日食尤屡，星孛东井，摄提炎及紫宫①，有识长老莫不震动，此变之大者也。其事难一二记，故《易》曰‘书不尽言，言不尽意②’。是以设卦指爻而复说义。《书》曰：‘伻来以图③。’天文难以相晓，臣虽图上，犹须口说，然后可知，愿赐清燕之闲④，指图陈状。”

上辄入之⑤，然终不能用也。

---

①炎：光上侵之意。紫宫：即紫微，天帝座，天子之居。②《易·系辞上》。　③《书·洛诰》之辞。伻：使也。使人以图来示成王，明口说不了，指图乃了也。　④闲：暇也。⑤纳其言也。

向每召见，数言公族者国之枝叶，枝叶落则本根无所庇荫；方今同姓疏远，母党专政，禄去公室，权在外家，非所以强汉宗，卑私门，保守社稷，安固后嗣也。

向自见得信于上，故常显讼宗室，讥刺王氏及在位大臣；其言多痛切，发于至诚。上数欲用向为九卿，辄[不]为王氏居位者及丞相御史所持①，故终不迁。居列大夫官前后三十余年。年七十二卒。卒后十三岁而王氏代汉……

①持：挟制也。

赞曰：仲尼称“材难，不其然与[①]”！自孔子后，缀文之士众矣，唯孟轲、孙况[②]、董仲舒、司马迁、刘向、扬雄。此数公者，皆博物洽闻，通达古今，其言有补于世。传曰“圣人不出，其间必有命世者焉[③]”，岂近是乎？刘氏《洪范论》发明《大传》[④]，著天人之应；《七略》剖判艺文，总百家之绪[⑤]；《三统历谱》考步日月五星之度[⑥]。有意其推本之也[⑦]。呜虖！向言山陵之戒，于今察之，哀哉[⑧]！指明梓柱以推废兴，昭矣！岂非直谅多闻，古之益友与[⑨]！

①见《论语》。　②孙况：即荀卿也。　③命世：有名于世。　④刘向因《洪范》，乃集合上古以来至汉灾异符瑞，行事祸福，著其占验，比类相从，各有条目，凡十一篇，号曰《洪范五行传》。　⑤刘向多著述，既卒，子歆嗣父业，总括群篇，撮其指要，著为《七略》，一曰《集略》，二曰《六艺略》，三曰《诸子略》，四曰《诗赋略》，五曰《兵书略》，六曰《艺数略》，七曰《方技略》。　⑥《三统历谱》：历法名，亦刘歆著。步：推步，推考天文。　⑦言其究极根本，深有意也。⑧言赤眉之乱，汉诸陵皆被发。　⑨《论语》：“益者三友，友直，友谅，友多闻，益矣。”此言刘向谅直多闻，可谓益友。

贾谊传

贾谊，洛阳人也。年十八，以能诵诗书属文①称于郡中。河南守吴公闻其秀材②，召置门下，甚幸爱。文帝初立，闻河南守吴公治平③为天下第一，故与李斯同邑④，而尝学事焉，征以为廷尉。廷尉乃言谊年少，颇通诸家之书⑤。文帝召以为博士。

是时，谊年二十余，最为少。每诏令议下⑥，诸老先生未能言，谊尽为之对，人人各如其意所出。诸生于是以为能。文帝说之，超迁，岁中至太中大夫。

谊以为汉兴二十余年，天下和洽，宜当改正朔，易服色制度，定官名，兴礼乐。乃草具其仪法⑦，色上黄，数用五，为官名悉更，奏之。文帝谦让未皇也⑧。然诸法令所更定，及列侯就国，其说皆谊发之。于是天子议以谊任公卿之位。绛、灌、东阳侯、冯敬之属尽害之⑨，乃毁谊曰："洛阳之人年少初学，专欲擅权，纷乱诸事。"于是天子后亦疏之，不用其议，以谊为长沙王太傅⑩。

---

①属文：能为文也。　②秀：美也。　③治平：言其政治和平。　④据此，吴公为汉汝南郡上蔡人。　⑤贾谊传

《左氏传》，兼通《国语》。　⑥谓有诏令出，下及遣议事。⑦草：创造。　⑧皇：暇。文帝以初即位，不暇改制也。⑨绛：绛侯周勃。灌：灌婴。东阳侯：张相如。典客冯敬。害：忌也。　⑩傅吴芮元孙差。

谊既以适去①，意不自得，及度湘水②，为赋以吊屈原。屈原，楚贤臣也，被谗放逐，作《离骚赋》，其终篇曰："已矣！国亡人，莫我知也。"遂自投江而死。谊追伤之，因以自谕③……

①适：同"谪"。　②湘水出湖南宁远县阳海山，北流入江。　③谕：譬也。

谊为长沙傅三年，有服飞入谊舍，止于坐隅。服似鸮，不祥鸟也。谊既以适居长沙，长沙卑湿，谊自伤悼，以为寿不得长，乃为赋以自广①……

①自广：自遣忧累。

后岁余，文帝思谊，征之。至，入见，上方受釐，坐宣室①。上因感鬼神事，而问鬼神之本。谊具道所以然之故。至夜半，文帝前席②。既罢，曰："吾久不见贾生，自以为过之，今不及也。"乃拜谊为梁怀王太傅③。怀王，上少子，爱，而好书，故令谊傅之，数问以得失④。

①釐（xī）：祭祀用过的肉。宣室：在未央殿所。 ②渐迫近谊，听说其言也。 ③梁怀王名揖。 ④数问国家之事。

是时，匈奴强，侵边。天下初定，制度疏阔，诸侯王僭拟①，地过古制，淮南、济北王皆为逆诛②。谊数上疏陈政事，多所欲匡建③。其大略曰："臣窃惟事势，可为痛哭者一，可为流涕者二，可为长太息者六，若其它背理而伤道者，难遍以疏举④。进言者皆曰天下已安已治矣，臣独以为未也。曰安且治者，非愚则谀⑤，皆非事实知治乱之体者也。夫抱火厝之积薪之下⑥，而寝其上，火未及燃，因谓之安，方今之势，何以异此！本末舛逆⑦，首尾衡决⑧，国制抢攘⑨，非甚有纪⑩，胡可谓治！陛下何不壹令臣得孰数之于前，因陈治安之策，试详择焉？夫射猎之娱，与安危之机孰急⑪？使为治劳智虑，苦身体，乏钟鼓之乐，勿为可也。乐与今同，而加之诸侯轨道⑫，兵革不动，民保首领，匈奴宾服⑬，四荒乡风⑭，百姓素朴，狱讼衰息，大数既得⑮，则天下顺治，海内之气，清和咸理，生为明帝，没为明神，名誉之美，垂于无穷。《礼》祖有功而宗有德⑯，使顾成之庙称为太宗⑰，上配太祖，与汉亡极。建久安之势，成长治之业，以承祖庙，以奉六亲⑱，至孝也；以幸天下，以育群生，至仁也；立经陈纪⑲，轻重同得，后可以为万世法程⑳，虽有愚幼不肖之嗣，犹得蒙业而安，至明也。以陛下之明达，因使少知治体者得佐下风㉑，致此非难也。其具可素陈于前㉒，愿幸无忽㉓！臣谨稽之天地㉔，验之往古，按之当今之务，日夜念此至孰也，虽使禹舜复生，为陛下计，亡以易此。

---

①拟：比也。言上比天子。 ②淮南厉王长，齐北王兴居，皆因叛逆受诛。 ③匡：正也，正其失也。建：立也，立制节也。 ④言不可尽条记。 ⑤言实谓治安者，愚也；知其不尔，而假言之，谀也。 ⑥厝：置也。 ⑦舛逆：背逆。 ⑧衡决：犹横决。决，溃坏。 ⑨抢攘：纷乱貌。 ⑩纪：理也。 ⑪帝喜射猎，故贾谊问二事之中，何者为急。 ⑫轨道：言遵法制。 ⑬宾服：言以服贡宾见于王。 ⑭乡：同“响”。 ⑮数：术也。谓得治天下之道术。 ⑯有功者祖之，有德者宗之。 ⑰顾成庙：文帝所立。 ⑱父母兄弟妻子，是为六亲。 ⑲经、纪：犹纲纪。 ⑳程：式也。 ㉑下风：素豫也。少知治体者，贾谊自谓。下风：在风之下向，言斥下风，谦辞也。 ㉒素：豫也。 ㉓忽：怠忘。 ㉔稽：考也。

“夫树国固必相疑之势①，下数被其殃，上数爽其忧②，甚非所以安上而全下也。今或亲弟谋为东帝③，亲兄之子西乡而击④，今吴又见告矣⑤。天子春秋鼎盛⑥，行义未过⑦，德泽有加焉，犹尚如是，况莫大诸侯[8]，权力且十此者乎[9]。

“然而天下少安，何也？大国之王幼弱未壮，汉之所置傅相方握其事。数年之后，诸侯之王大抵皆冠，血气方刚，汉之傅相称病而赐罢，彼自丞尉以上偏置私人，如此，有异淮南、济北之为邪！此时而欲为治安，虽尧、舜不治。

“黄帝曰：‘日中必彗，操刀必割[10]。’今令此道[11]顺而全安，甚易，不肯早为，已乃堕骨肉之属而抗刭之[12]，岂有异秦之季世乎？夫以天子之位，乘今之时，因天之助，尚惮以危为安，以乱为治，假设陛下居齐桓之处，将不合诸侯而匡天下乎？臣又以知陛下有所必不能矣。假设天下如曩时[13]，淮阴侯尚王楚，黥布王淮南，彭越王梁，韩信王韩[14]，张敖王赵，贯高为相[15]，卢绾王燕[16]，陈豨在代[17]，令此六七公者皆亡恙[18]，当是时而陛下即天子位，能自安乎？臣有以知陛下之不能也。天下殽乱[19]，高皇帝与诸公并起，非有仄室之势以豫席之也[20]。诸公幸者，乃为中涓[21]，其次廑得舍人[22]，材之不逮至远也。高皇帝以明圣威武即天子位，割膏腴之地以王诸公，多者百余城，少者乃三四十县，德至渥也[23]，然其后十年之间，反者九起。陛下之与诸公，非亲角[24]材而臣之也，又非身封王之也。自高皇帝不能以是一岁为安[25]，故臣知陛下之不能也。然尚有可诿者，曰疏[26]，臣请试言其亲者。假令悼惠王王齐[27]，元王王楚[28]，中子王赵[29]，幽王王淮阳[30]，共王王梁[31]，灵王王燕[32]，厉王王淮南，六七贵人皆亡恙，当是时陛下即位，能为治乎？臣又知陛下之不能也。若此诸王，虽名为臣，实皆有布衣昆弟之心㉝，虑亡不帝制而天子自为者。擅爵人㉞，赦死罪，甚者或戴㉟黄屋，汉法令非行也。虽行不轨㊱如厉王者，令之不肯听，召之安可致乎㊲？幸而来至，法安可得加！动一亲戚，天下圜视㊳而起，陛下之臣虽有悍如冯敬者㊴，适启其口，匕首已陷其匈㊵矣。陛下虽贤，谁与领此？故疏者必危，亲者必乱，已然之效也。其异姓负强而动者，汉已幸胜之矣，又不易其所以然。同姓袭是迹而动，既有征㊶矣，其势尽又复然。殃祸之变，未知所移，明帝处之尚不能以安，后世将如之何？

①夫：大也。言树国于险固，诸侯强大，则必与天子有相疑之势。 ②爽：伤也。言上数为忧所伤。 ③淮南厉王长。 ④谓齐悼惠王子兴居，而为济北王反，欲击取荥阳。 ⑤时吴王又不循汉法，有告之者。 ⑥鼎：方。 ⑦言未有失。 ⑧莫大：最大。 ⑨十此：十倍于此。盖谓淮南、齐北，当文帝之时尚敢以一国为变，使诸侯相袭是迹而动，则其权力十倍于此，为患最大。 ⑩语见《六韬》。爨（cuàn）：烧火煮饭。 ⑪道：由也，由顺不为叛逆。 ⑫堕：毁。抗：举。刭：割颈。 ⑬曩时：昔时，往日。 ⑭韩信：故韩王孽孙，与匈奴反太原。 ⑮贯高为敖相，谋反，诛。 ⑯卢绾与陈豨相通，高帝崩，亡入匈奴。 ⑰陈豨以赵相守代，以反诛。 ⑱亡恙：犹言尚在。 ⑲殽：杂。 ⑳仄室：卿大夫之副贰。席：藉。言淮阴侯等非有副贰之势，为之凭藉。 ㉑内侍

日中涓。　㉒廑：同“仅”。舍人：官名，掌宫中之政，近侍官。　㉓渥：厚。　㉔角：竞，校也。　㉕言无一岁平安。　㉖诿：托也。谓尚可托言信越等以疏故反。　㉗悼惠王：名肥，高祖子，封于齐。　㉘元王：名交，高祖弟，封于楚。　㉙中子：名如意，高祖子，封于赵。　㉚幽王：名友，高祖子，封淮阳。　㉛共王：名恢，高祖子，封于梁。　㉜灵王：名建，高祖子，封燕。　㉝自以为于帝为微时昆弟，而不论君臣之义。　㉞擅：专也。　㉟戴：盖也。　㊱不轨：不修法制。　㊲致：至也。　㊳圜视：相顾。　㊴悍：勇。冯敬：名忠直，为御史大夫，奏淮南厉王诛之。　㊵匈：同“胸”。言始欲发言节制诸侯王，则为刺客所杀。　㊶征：证验。

“屠牛坦①一朝解十二牛，而芒刃不顿者②，所排击剥割，皆众理解也③。至于髋髀之所，非斤则斧④。夫仁义恩厚，人主之芒刃也；权势法制，人主之斤斧也。今诸侯王皆众髋髀也，释斤斧之用，而欲婴⑤以芒刃，臣以为不缺则折。胡不用之淮南、济北？势不可也⑥。

“臣窃迹前事，大抵强者先反。淮阴王楚最强，则最先反；韩信倚胡⑦，则又反；贯高因赵资，则又反；陈豨兵精，则又反；彭越用梁⑧，则又反；黥布用淮南，则又反；卢绾最弱，最后反。长沙乃在二万五千户耳，功少而最完，势疏而最忠，非独性异人也，亦形势然也。曩令樊、郦、绛、灌据数十城而王，今虽以残亡可也；令信、越之伦列为彻侯而居，虽至今存可也。然则天下之大计可知已⑨。欲诸王之皆忠附，则莫若令如长沙王；欲臣子之勿菹醢，则莫若令如樊、郦等；欲天下之治安，莫若众建诸侯而少其力。力少则易使以义，国小则亡邪心。令海内之势如身之使臂，臂之使指，莫不制从，诸侯之君不敢有异心，辐凑并进⑩而归命天子，虽在细民，且知其安，故天下咸知陛下之明。割地定制，令齐、赵、楚各为若干国，使悼惠王、幽王、元王之子孙毕以次各受祖之分地，地尽而止，及燕、梁它国皆然。其分地众而子孙少者，建以为国，空而置之，须⑪其子孙生者，举使君之。诸侯之地其削颇入汉者，为徙其侯国及封其子孙也⑫，所以数偿之⑬；一寸之地，一人之众，天子亡所利焉，诚以定治而已，故天下咸知陛下之廉。地制壹定，宗室子孙莫虑不王，下无倍⑭畔之心，上无诛伐之志，故天下咸知陛下之仁。法立而不犯，令行而不逆，贯高、利几⑮之谋不生，柴奇、开章之计不萌⑯，细民乡善，大臣致顺，故天下咸知陛下之义。卧赤子⑰天下之上而安，植遗腹，朝委裘，而天下不乱⑱，当时大治，后世诵圣。壹动而五业附⑲，陛下谁惮而久不为此？

---

①屠牛坦：屠牛者不坦。 ②芒刃：即锋刃。顿：同“钝”。 ③理：肌肉。解：判。众理解：谓其肌肉易解判处。 ④髋：上骨。髀：股骨。斤：斫木刀。以其骨大，故须

斤斧。　⑤婴：加也。　⑥二国皆反诛，何不施之仁恩，势不可也。　⑦倚胡：依赖匈奴。　⑧用：役用之。　⑨大计：大势。已：语终辞。　⑩辐：车轮中直木，内辏于毂，外入于牙者。凑，同“辏”，聚也。言人物之聚集，如车辐之聚于毂而并进。　⑪须：待也。　⑫或谓“也”当作“他”，谓诸侯或以罪黜，其地被削多入于汉者，若因其所存地为国，则国小，而其子孙亦不得封，故为之徙其侯国，并封其子孙于他所也。⑬偿：还也。言数复还其削地。　⑭倍：同“背”。　⑮利几：项氏将，降汉为侯，以反诛。　⑯柴奇、开章：皆与淮南王谋反者。　⑰赤子：谓幼君。　⑱植：置也。言但置遗腹以朝先帝裘衣，而天下亦不乱。委：垂也。　⑲五业：明廉仁义后嗣永安也。

“天下之势方病大瘇①。一胫之大几如要②，一指之大几如股，平居不可屈信③，一二指搐，身虑亡聊④。失今不治，必为锢疾⑤，后虽有扁鹊⑥，不能为已。病非徒瘇也，又苦蹠盭⑦。元王之子，帝之从弟也⑧；今之王者，从弟之子也⑨。惠王，亲兄子也⑩；今之王者，兄子之子也⑪。亲者或亡分地以安天下⑫，疏者或制大权以逼天子，臣故曰非徒病瘇也，又苦蹠盭。可痛哭者，此病是也！

---

①瘇：胫气足肿。　②要：同“腰”。　③信：同“伸”。　④搐：动而痛也。聊：赖也。谓一二指痛则身惧若

无所恃赖，喻诸侯有一二反者，则天下为之震动，不可保也。 ⑤锢疾：坚久之疾。 ⑥扁鹊：古之良医。 ⑦跋：古“蹠”字。蹠，脚掌。盭：古“戾”字。戾，曲。言足掌反曲，不可行也。 ⑧楚元王：高帝之弟，其子于文帝为从弟，谓王郢也。 ⑨时楚王戊在位。 ⑩惠王：即齐悼惠王。子：哀王襄也。 ⑪哀王子文王则也。 ⑫广立藩屏，则天下安，故曰以安天下。

“天下之势方倒县。凡天子者，天下之首，何也？上也。蛮夷者，天下之足，何也？下也。今匈奴嫚娒[①]侵掠，至不敬也，为天下患，至亡已也[②]，而汉岁致金絮采缯以奉之。夷狄征令[③]，是主上之操也[④]；天子共贡，是臣下之礼也。足反居上，首顾[⑤]居下，倒县如此，莫之能解，犹为国有人乎？非亶[⑥]倒县而已，又类辟，且病痱[⑦]。夫辟者一面病，痱者一方痛。今西边北边之郡，虽有长爵不轻得复[⑧]，五尺以上不轻得息[⑨]，斥候望烽燧不得卧[⑩]，将吏被介胄而睡，臣故曰一方病矣。医[⑪]能治之，而上不使，可为流涕者此也！

---

①娒：同“侮”。 ②亡已：不可止。 ③征：召也。令：号令。 ④操：操持。 ⑤顾：反也。 ⑥亶：同“但”。 ⑦辟：同“躄”，足不能行也。痱：风病。 ⑧长爵：世及之爵也。言虽有长世之爵，犹赴征役，不得复除也。

⑨五尺：小儿也，言无大小，皆当自为战备。　⑩斥：度也。候：视也。烽燧：古时遇敌来犯，边防人员点烟火报警，夜里点的火叫烽，白天放的烟叫燧。　⑪医：贾谊自谓。

“陛下何忍以帝皇之号，为戎人诸侯，势既卑辱，而祸不息，长此安穷[1]！进谋者率以为是，固不可解也，亡具甚矣[2]！臣窃料匈奴之众不过汉一大县[3]，以天下之大，困于一县之众，甚为执事者羞之。陛下何不试以臣为属国之官[4]以主匈奴？行臣之计，请必系单于之颈而制其命，伏中行说而笞其背[5]，举匈奴之众唯上之令。今不猎猛敌而猎田彘[6]，不搏反寇而搏畜菟[7]，玩细娱而不图大患，非所以为安也。德可远施，威可远加，而直数百里外威令不信，可为流涕者此也！

---

①言以此为久长，何所究竟。　②无治安之具。　③言其人民少。　④存其国号而属于汉者为属国。　⑤中行说：奄人。汉使公主妻匈奴，说不肯行，强之，因以汉事告匈奴。⑥彘：野豕。　⑦菟：同“兔”。

“今民卖童者[1]，为之绣衣丝履偏诸缘[2]，内之闲中[3]，是古天子后服，所以庙而不宴者也[4]，而庶人得以衣婢妾。白縠之表[5]，薄纨之里[6]，緁以偏诸[7]，美者黼绣[8]，是古天子之服，今富人大贾嘉会召客者以被墙。古者以奉一帝一后而节适⑨，今庶人屋壁得为帝服，倡优下贱得为后饰，然而天下不屈者⑩，殆未有也。且帝之身自衣皂绨⑪，而富民墙屋被文绣；天子之后以缘其领，庶人孽妾缘其履⑫：此臣所谓舛也。夫百人作之不能衣一人，欲天下亡寒，胡可得也？一人耕之，十人聚而食之，欲天下亡饥，不可得也。饥寒切于民之肌肤，欲其亡为奸邪，不可得也。国已屈矣，盗贼直须时耳⑬。然而献计者曰毋动为大耳⑭。夫俗至大不敬也，至亡等也⑮，至冒上也⑯，进计者犹曰毋为，可为长太息者此也！

---

①童：隶妾。 ②偏诸：今緶带之类。言以偏诸为履之缘口。 ③闲：卖奴婢阑。 ④入庙则服之，宴处则不著，盖贵之。 ⑤縠：纱之绉蹙促缩者。 ⑥纨：熟丝织物。 ⑦谓以偏诸緶著之。 ⑧黼：织为斧形。绣：刺为众纹。 ⑨言得其节而合宜。 ⑩屈：谓财力尽。 ⑪皂：缁衣。绨：厚缯。 ⑫孽：同“孽”，庶贱。 ⑬言待时而发。 ⑭大：上也。言毋动为上计。 ⑮无尊卑之差。 ⑯冒：犯。

“商君①遗礼义，弃仁恩，并心于进取，行之二岁，秦俗日败。故秦人家富子壮则出分，家贫子壮则出赘②。借父耰锄，虑③有德色；母取箕帚，立而谇语④。抱哺其子，与公并倨⑤；妇姑不相说，则反唇而相稽⑥。其慈子耆利，不同禽兽者亡几耳⑦。然并心而赴时，犹曰蹶六国⑧，兼天下。

功成求得矣，终不知反廉愧之节[9]，仁义之厚。信并兼之法，遂进取之业，天下大败；众掩寡，智欺愚，勇威怯，壮陵衰，其乱至矣。是以大贤起之[10]，威震海内，德从天下[11]。曩之为秦者，今转而为汉矣。然其遗风余俗，犹尚未改。今世以侈靡相竞，而上亡制度，弃礼谊，捐廉耻日甚，可谓月异而岁不同矣。逐利不耳，虑非顾行也[12]，今其甚者杀父兄矣。盗者剟[13]寝户之帘，搴两庙之器[14]，白昼大都之中剽[15]吏而夺之金。矫伪者出几十万石粟，赋六百余万钱，乘传而行郡国[16]，此其亡行义之尤至者也。而大臣特以簿书不报，期会之间，以为大故[17]。至于俗流失，世坏败，因恬[18]而不知怪，虑不动于耳目，以为是适然耳[19]。夫移风易俗，使天下回心而乡道，类非俗吏之所能为也。俗吏之所务，在于刀笔筐箧[20]，而不知大体。陛下又不自忧，窃为陛下惜之。

夫立君臣，等上下，使父子有礼，六亲有纪[21]，此非天之所为，人之所设也。夫人之所设，不为不立，不植则僵[22]，不修则坏。《管子》[23]曰：‘礼义廉耻，是谓四维；四维不张，国乃灭亡。’使管子愚人也则可，管子而少知治体，则是岂可不为寒心哉[24]！秦灭四维而不张，故君臣乖乱，六亲殃戮，奸人并起，万民离叛，凡十三岁，而社稷为虚[25]。今四维犹未备也，故奸人几[26]幸，而众心疑惑。岂如今定经制[27]，令君君臣臣，上下有差，父子六亲，各得其宜，奸人亡所几幸，而群臣众信，上不疑惑！此业壹定，世世常安，而后有所持循矣[28]。若夫经制不定，是犹度江河亡维楫[29]，中流而遇风波，船必覆矣。可为长太息者此也！

---

①商君：商鞅。 ②赘：以物质钱。谓父子不相顾，惟利是嗜，捐弃骨肉，降为奴隶，而不耻也。其赘而不赎，主家以女匹之，则谓之赘婿，当时贱之。 ③虑：大计。 ④言母取其箕帚，立而责让。 ⑤公：公公。言儿媳抱子而哺之，乃与其公公同居，无礼之甚。 ⑥稽：计也。相与计较。 ⑦秦人不知孝义，但如禽兽知爱子贪利而已，故贾谊谓其去禽兽无几。 ⑧蹶六国：颠仆六国。 ⑨反：还也。廉愧：廉耻。⑩大贤：指高祖。起：扶持。谓高祖扶持天下之危乱。 ⑪言天下从其德。 ⑫虑：大率。言其所追赴唯计利与不耳，大率非顾行之善恶。 ⑬剟（duō）：刺，击。 ⑭搴：拔。两庙：指高帝、惠帝庙。 ⑮剽：劫。 ⑯言矫伪之人，诈为诏令，妄作赋敛，其数甚多，又诈乘传而行郡国。 ⑰言大臣徒以簿书期会为急，不知正风俗厉行。 ⑱恬：安。 ⑲虑：大率。适：当也。谓事当然。 ⑳刀笔以治文书，筐箧以贮财币，言俗吏之务，在科条征敛。 ㉑纪：理也。 ㉒植：建也。僵：偃也。 ㉓管子：管仲所著。 ㉔谓若以管子为愚人，其言不实，则无礼义廉耻可也；若以管子为微识治体，则当为之恐惧。 ㉕虚：同“墟”。 ㉖几：同“冀”。 ㉗今：即也。经：常也。 ㉘执持而顺行之。 ㉙维：系船用的绳子。楫：划船用的桨。

“夏为天子，十有余世，而殷受之。殷为天子，二十余世，而周受之。周为天子，三十余世，而秦受之。秦为天子，二世而亡。人性不甚相远也，何三代之君有道之长，而秦无道之暴也①？其故可知也。古之王者，太子乃生②，固举以礼，使士负之，有司齐肃端冕，见之南郊，见于天也。过阙则下③，过庙则趋④，孝子之道也。故自为赤子⑤而教固已行矣。昔者成王幼，在襁抱之中⑥，召公为太保，周公为太傅，太公为太师。保⑦，保其身体；傅⑧，傅之德义；师，道⑨之教训：此三公之职也。于是为置三少，皆上大夫也，曰少保、少傅、少师，是与太子宴者也⑩。故乃孩提有识，三公、三少固明孝仁礼义以道习之，逐去邪人，不使见恶行。于是皆选天下之端士⑪孝悌博闻有道术者以卫翼之，使与太子居处出入。故太子乃生而见正事，闻正言，行正道，左右前后皆正人也。夫习与正人居之，不能毋正，犹生长于齐不能不齐言也；习与不正人居之，不能毋不正，犹生长于楚之地不能不楚言也。故择其所耆⑫，必先受业，乃得尝之；择其所乐，必先有习，乃得为之⑬。孔子曰：‘少成若天性，习贯如自然。’及太子少长，知妃色⑭，则入于学。学者，所学之官也⑮。《学礼》曰：‘帝入东学，上亲而贵仁，则亲疏有序而恩相及矣；帝入南学，上齿而贵信，则长幼有差而民不诬矣；帝入西学，上贤而贵德，则圣智在位而功不遗矣；帝入北学，上贵而尊爵，则贵贱有等而下不隃矣⑯；帝入太学，承师问道，退习而考于太傅，太傅罚其不则⑰，而匡⑱其不及，则德智长而治道得矣。此五学者既成于上，则百姓黎民化辑于下矣[19]。’及太子既冠成人，免于保傅之严，则有记过之史[20]，彻膳之宰[21]，进善之旌[22]，诽谤之木[23]，敢谏之鼓[24]。瞽史诵诗[25]，工诵箴谏[26]，大夫进谋，士传民语[27]。习与智长，故切而不愧[28]；化与心成，故中道若性[29]。三代之礼：春朝朝日，秋暮夕月[30]，所以明有敬也；春秋入学，坐国老，执酱而亲馈之[31]，所以明有孝也；行以鸾和[32]，步中《采齐》[33]，趣中《肆夏》[34]，所以明有度也；其于禽兽，见其生不食其死，闻其声不食其肉，故远庖厨，所以长恩，且明有仁也。

“夫三代之所以长久者，以其辅翼太子有此具也。及秦而不然。其俗固非贵辞让也，所上者告讦也[35]；固非贵礼义也，所上者刑罚也。使赵高傅胡亥而教之狱，所习者非斩劓人，则夷人之三族也。故胡亥今日即位而明日射人，忠谏者谓之诽谤，深计者谓之妖言，其视杀人若艾草菅然[36]。岂惟胡亥之性恶哉？彼其所以道之者非其理故也。

“鄙谚曰：‘不习为吏，视已成事。’又曰：‘前车覆，后车诫。’夫三代之所以长久者，其已事可知也；然而不能从者，是不法圣智也。秦世之所以亟绝者[37]，其辙迹可见也；然而不避，是后车又将覆也。夫存亡之变，治乱之机，其要在是矣。天下之命，县于太子；太子之善，在于早谕[38]教与选左右。夫心未滥而先谕教，则化易成也；开于道术智[39]谊之指，则教之力也。若其服习积贯[40]，则左右而已。夫胡、粤之人，生而同声，耆欲不异，及其长而成俗，累数译而不能相通，行者有虽死而不相为者㊶，则教习然也。臣故曰选左右早谕教最急。夫教得而左右正，则太子正矣，太子正而天下定矣。《书》曰：‘一人有庆，兆民赖之㊷。’此时务也。

---

①暴：短促。　②乃：始。　③下：下车。　④趋：疾行。　⑤赤子：婴儿。　⑥襁抱：即襁褓。　⑦保：安。　⑧傅：辅。　⑨道：导。　⑩宴：闲居。言闲居时随时辅道。　⑪端士：正直之士。　⑫耆：同“嗜”。　⑬为：行。　⑭妃色：妃匹之色。　⑮官：官舍。　⑯隃：同“逾”，谓越制。　⑰则：法。　⑱匡：正。　⑲百姓：百官。辑：和。　⑳有过则记。　㉑有阙则减膳以谏。　㉒进善言者立于旌前。　㉓讥恶事者书之于木。　㉔欲显谏者则击鼓。　㉕瞽：盲人。　㉖工：习乐者。　㉗传：告。士卑不得径达闻君过失，传告大夫。　㉘不愧：同“不攘”，不攘，言受教不辞。　㉙中道：从容中道。　㉚朝日于朔，夕月于望，皆祭名。　㉛馈酱：食礼，天子亲袒割牲，执酱而馈。　㉜行：车行。鸾和：车上铃。　㉝《采齐》：乐诗名。　㉞《肆夏》：乐诗名。王出至堂而《肆夏》作，出路门而《采齐》作，谓与其节相应。　㉟告讦：谓面相斥罪，而又告发。　㊱艾：读如刈。菅：茅草。　㊲亟：急。　㊳谕：晓告。　㊴智：同“知”，识也。　㊵积贯：积习所惯。　㊶为：助也。言其人行事，虽至老死，各不相助。　㊷《书·吕刑》之辞。一人：指天子。言天子有善，则兆庶获其利。

“凡人之智，能见已然，不能见将然①。夫礼者禁于将然之前，而法者禁于已然之后，是故法之所用易见，而礼之所为生难知也。若夫庆赏以劝善，刑罚以惩恶，先王执此之政，坚如金石，行此之令，信如四时，据此之公，无私如天地耳，岂顾②不用哉？然而曰礼云礼云者，贵绝恶于未萌，而起教于微眇③，使民日迁善远罪而不自知也。孔子曰：‘听讼，吾犹人也，必也使毋讼乎④！’为人主计者，莫如先审取舍⑤；取舍之极定于内⑥，而安危之萌应于外矣。安者非一日而安也，危者非一日而危也，皆以积渐然，不可不察也。人主之所积，在其取舍⑦。以礼义治之者，积礼义；以刑罚治之者，积刑罚。刑罚积而民怨背，礼义积而民和亲。故世主欲民之善同，而所以使民善者或异。或道之以德教，或驱之以法令。道之以德教者，德教洽而民气乐；驱之以法令者，法令极而民风哀。哀乐之感，祸福之应也。秦王之欲尊宗庙而安子孙，与汤、武同，然而汤、武广大其德行，六七百岁而弗失，秦王治天下，十余岁则大败。此亡它故矣，汤、武之定取舍审而秦王之定取舍不审矣。夫天下，大器也。今人之置器，置诸安处则安，置诸危处则危。天下之情与器亡以异，在天子之所置之。汤、武置天下于仁义礼乐，而德泽洽，禽兽草木广裕⑧，德被蛮貊四夷，累子孙数十世，此天下所共闻也。秦王置天下于法令刑罚，德泽亡一有，而怨毒盈于世，下憎恶之如仇雠，祸几及身，子孙诛绝，此天下之所共见也。是非其明效大验邪！人之言曰：‘听言之道，必以其事观之，则言者莫敢妄言。’今或言礼谊之不如法令，教化之不如刑罚，人主胡不引殷、周、秦事以观之也？

---

①将然：将有其事。　②顾：反。　③眇：细小。　④语见《论语》。言使吾听讼，与众人等，然能先以德义化之，使其无讼。　⑤取：谓所择用。舍：谓所弃置。　⑥极：中。　⑦中：去声。上言审，此言中，理自明白。　⑧裕：饶。

“人主之尊譬如堂，群臣如陛，众庶如地。故陛九级上[①]，廉远地[②]，则堂高；陛亡级，廉近地，则堂卑。高者难攀，卑者易陵[③]，理势然也。故古者圣王制为等列，内有公卿、大夫、士，外有公、侯、伯、子、男，然后有官师[④]小吏，延及庶人；等级分明，而天子加焉，故其尊不可及也。里谚曰：‘欲投鼠而忌器。’此善谕也。鼠近于器，尚惮不投，恐伤其器，况于贵臣之近主乎！廉耻节礼以治君子，故有赐死而亡戮辱。是以黥劓之罪不及大夫，以其离主上不远也。礼不敢齿君之路马，蹴其刍者有罚[⑤]；见君之几杖则起，遭君之乘车则下，入正门则趋；君之宠臣虽或有过，刑戮之罪不加其身者，尊君之故也。此所以为主上豫远不敬也，所以体貌[⑥]大臣而厉其节也。今自王侯三公之贵，皆天子之所改容而礼之也，古天子之所谓伯父、伯舅也[⑦]，而令与众庶同黥、劓、髡、刖、笞傌[8]、弃市之法，然则堂不亡陛乎？被戮辱者不泰迫乎[9]！廉耻不行，大臣无乃握重权、大官而有徒隶亡耻之心乎？夫望夷之事，二世见当以重法者[10]，投鼠而不忌器之习也。

“臣闻之，履虽鲜不加于枕，冠虽敝不以苴履[11]。夫尝已在贵宠之位，天子改容而体貌之矣，吏民尝俯伏以敬畏之矣，今而有过，帝令废之可也，退之可也，赐之死可也，灭之可也；若夫束缚之，系绁之[12]，输之司寇[13]，编之徒官[14]，司寇小吏詈骂而榜笞之[15]，殆非所以令众庶见也。夫卑贱者习知尊贵者之一旦，吾亦乃可以加此也[16]，非所以习天下也，非尊尊贵贵之化也。夫天子之所尝敬，众庶之所尝宠，死而死耳[17]，贱人安宜得如此而顿辱[18]之哉！

“豫让事中行之君，智伯伐而灭之[19]，移事智伯。及赵灭智伯[20]，豫让衅面吞炭[21]，必报襄子[22]，五起而不中[23]。人问豫子，豫子曰：‘中行众人畜[24]我，我故众人事之；智伯国士遇我，我故国士报之。’故此一豫让也，反君事仇，行若狗彘，已而抗节致忠，行出乎列士[25]，人主使然也。故主上遇其大臣如遇犬马，彼将犬马自为也；如遇官徒，彼将官徒自为也。顽顿[26]亡耻，奊诟[27]亡节，廉耻不立，且不自好[28]，苟若[29]而可；故见利则逝[30]，见便则夺。主上有败，则因而挻[31]之矣；主上有患，则吾苟免而已，立而观之耳；有便吾身者，则欺卖而利之耳。人主将何便于此？群下至众，而主上至少也，所托财器职业者粹[32]于群下也。俱亡耻，俱苟安，则主上最病。故古者礼不及庶人，刑不至大夫，所以厉宠臣之节也。古者大臣有坐不廉而废者，不谓不廉，曰‘簠簋不饰[33]’；坐污秽淫乱男女亡别者，不曰污秽，曰‘帷薄不修’；坐罢软[34]不胜任者，不谓罢软，曰‘下官不职’。故贵大臣定有其罪矣，犹未斥然正以谑之也[35]，尚迁就而为之讳也。故其在大谴大何之域者[36]，闻谴何则白冠牦缨[37]，盘水加剑[38]，造请室而请罪耳[39]，上不执缚系引而行也。其有中罪者，闻命而自弛，上不使人颈盭而加也[40]。其有大罪者，闻命则北面再拜，跪而自裁[41]，上不使捽抑而刑之也[42]，曰：‘子[43]大夫自有过耳，吾遇子有礼矣。’遇之有礼，故群臣自熹[44]；婴[45]以廉耻，故人矜[46]节行。上设廉耻礼义以遇其臣，而臣不以节行报其上者，则非人类也。故化成俗定，则为人臣者主耳忘身[47]，国耳忘家，公耳忘私，利不苟就，害不苟去，唯义所在。上之化也，故父兄之臣诚死宗庙，法度之臣诚死社稷，辅翼之臣诚死君上，守圄扞敌之臣诚死城郭封疆。故曰圣人有金城者，比物此志也[48]。彼且为我死，故吾得与之俱生；彼且为我亡，故吾得与之俱存；夫[49]将为我危，故吾得与之皆安！顾行而忘利，守节而仗义，故可以托不御之权[50]，可以寄六尺之孤。此厉廉耻行礼谊之所致也，主上何丧焉[51]！此之不为，而顾彼之久行[52]，故曰可为长太息者此也[53]！”

是时，丞相绛侯周勃免就国，人有告勃谋反，逮系长安狱治，卒亡事，复爵邑，故贾谊以此讥上。上深纳其言，养臣下有节。是后大臣有罪，皆自杀，不受刑。至武帝时，稍复入狱，自宁成始[54]。

---

①陛九级：天子阶九等，每一尺为一级。②廉：侧隅。③陵：跨。④官师：一官之长。⑤齿：计算马的年龄。刍：草料。⑥体貌：谓加礼容而敬之。⑦天子呼诸侯长者，同姓则曰伯父，异姓则曰伯舅。⑧傌：同“骂”。⑨迫：迫天子。⑩阎乐杀二世于望夷宫。当以重法，即决死之谓，言二世见弑，由秦上刑罚之积习使然。⑪苴：鞋垫。⑫绁：用长绳系住。⑬司寇：或谓应作“司空”，按有犯法者，司寇定其罪，而后输之司空。司空，主刑徒之官，下司寇小吏亦尝作司空小吏。⑭编：次列。徒：役徒。⑮榜：笞。⑯言知尊贵者之吾亦可一旦加以非礼。⑰言死则死耳。⑱顿辱：困辱。⑲晋智伯灭中行氏。⑳智伯伐赵，赵阴结韩魏，共灭智伯。㉑衅面：以药物涂面。吞炭：以变其声。㉒襄子：赵君，名无恤。豫让为智伯报仇，必欲刺死之。㉓五起：行刺五次。㉔畜：亦遇。㉕列：同“烈”。㉖顿：同“钝”。㉗奊（xiá）诟：辱骂。㉘自好：犹言自喜也。㉙若：犹然。㉚逝：往。㉛挻（shān）：窃取。㉜粹：同“萃”，聚集。㉝簠簋（fǔ guǐ）：盛饭器。不饰：与“不饬”通。簠簋不饰：言大臣操守不廉洁。㉞罢：废于事。软：弱。㉟謼：古“呼”字。㊱譴：责。何：斥责。域：界局。㊲白冠：丧服。氂缨：以氂牛毛作缨。㊳盘水：示之以意，水性平，若有罪，君以平

法治之。加剑：当以自刎。　㊴请室：请罪之室。　㊵中罪：不至死之罪。弛：毁。盭：同“戾”，扭转。　㊶自裁：自杀。　㊷捽：扭着头发。抑：按住。　㊸子：男子之美称。　㊹熹：读如喜，好也；好为志气。　㊺婴：加。　㊻矜：尚。　㊼言唯为主耳，不念其身。　㊽金城：喻其坚不可拔。物：类也。志：意也。　㊾夫：读如扶。　㊿言念主忘身，忧国忘家，如此，可托权柄，不须复御制。　51丧：失。　52此：谓以礼义廉耻遇其臣者。彼：谓戮辱贵臣者。　53贾谊上疏言可为长太息者六，今至此三而止，盖史家直取其要切者。　54宁城：穰人，为人猾贼任威，武帝时，为内史。

初，文帝以代王入即位，后分代为两国，立皇子武为代王，参为太原王，小子胜则梁王矣。后又徙代王武为淮阳王，而太原王参为代王，尽得故地。居数年，梁王胜死，亡子①。谊复上疏曰：“陛下即不定制，如今之势，不过一传再传②，诸侯犹且人恣而不制③，豪植而大强④，汉法不得行矣。陛下所以为蕃扞及皇太子之所恃者，唯淮阳、代二国耳⑤。代北边匈奴，与强敌为邻，能自完则足矣。而淮阳之比大诸侯，廑如黑子之著面⑥，适足以饵大国耳⑦，不足以有所禁御。方今制在陛下，制国而令子适足以为饵，岂可谓工哉！人主之行异布衣。布衣者，饰小行，竞小廉，以自托于乡党，人主唯天下安社稷固不耳。高皇帝瓜分天下以王功臣，反者如猬毛而起⑧，以为不可，故蕲⑨去不义诸侯而虚其国。择良日，立诸子洛阳上东门[10]之外，毕[11]以为王，而天下安。故大人者，不牵小行，以成大功。今淮南地远者或数千里，越两诸侯[12]，而县属于汉。其吏民徭役往来长安者，自悉而补，中道衣敝[13]，钱用诸费称此，其苦属汉而欲得王至甚，逋逃而归诸侯者已不少矣。其势不可久。臣之愚计，愿举淮南地以益淮阳，而为梁王立后，割淮阳北边二三列城与东郡以益梁；不可者，可徙代王而都睢阳。梁起于新郪以北著之河[14]，淮阳包陈以南楗之江[15]，则大诸侯之有异心者，破胆而不敢谋。梁足以扞齐、赵，淮阳足以禁吴、楚，陛下高枕，终亡山东之忧矣，此二世之利也[16]。当今恬然，适遇诸侯之皆少[17]，数岁之后，陛下且见之矣。夫秦日夜苦心劳力以除六国之祸，今陛下力制天下，颐指[18]如意，高拱以成六国之祸，难以言智。苟身亡事，畜[19]乱宿祸，孰[20]视而不定，万年之后，传之老母弱子，将使不宁，不可谓仁。臣闻圣主言[21]问其臣而不自造事，故使人臣得毕其愚忠。唯陛下财幸[22]！”

文帝于是从谊计，乃徙淮阳王武为梁王，北界泰山，西至高阳，得大县四十余城；徙城阳王喜为淮南王，抚其民。

---

①侯国无子则国除，故贾谊上书请益封梁、淮阳。　②一传再传：谓一二传世。　③此句言人人自恣而不可制。　④此句言矜豪自植立太过于强。　⑤此句言蕃扞得宜，则嗣王安固，故云皇太子之所恃。　⑥廑：同“仅”。黑子：黑痣。

⑦饵：谓为其所吞食。　⑧猬：刺猬。　⑨蕲：同“芟”，刈也。　⑩上东门：在洛阳。　⑪毕：尽。　⑫越：过。两诸侯：指梁与淮阳。　⑬此句谓自悉其家资财，补缝作衣。⑭新郪：汉县，故城在今安徽太和县北。著：相联属。河：大河。　⑮楗：接，相联属。言梁地北属于黄河，淮南之地，南属于长江。　⑯二世：言己身及太子嗣位之时。　⑰恬：安。少：谓年少。　⑱颐指：动颐指挥。　⑲畜：同“蓄”。⑳孰：同“熟”。　㉑言：问。　㉒财：同“裁”。财幸：裁择其言为幸。

时又封淮南厉王四子皆为列侯。谊知上必将复王之也，上疏谏曰：“窃恐陛下接①王淮南诸子，曾不与如臣者孰计之也。淮南王之悖逆亡道，天下孰不知其罪？陛下幸而赦迁之，自疾而死，天下孰以王死之不当？今奉尊罪人之子，适足以负谤于天下耳②。此人少壮，岂能忘其父哉？白公胜所为父报仇者，大父与伯父、叔父也③。白公为乱，非欲取国代主也，发愤快志，剡手以冲仇人之匈④，固为俱靡⑤而已。淮南虽小，黥布尝用之矣，汉存特幸耳⑥。夫擅仇人足以危汉之资，于策不便⑦。虽割而为四，四子一心也。予之众，积之财，此非有子胥、白公报于广都之中⑧，即疑有专诸、荆轲起于两柱之间⑨，所谓假贼兵为虎翼者也。愿陛下少留计！”

①接：续。　②此句言若尊王其子，则是厉王无罪，汉枉杀之。　③白公胜：秦秋时楚平王之孙，太子建之子。大父：即祖父，指楚平王。伯父、叔父：指楚平王诸子。　④剡：利。匈：同“胸”。　⑤靡：碎。　⑥此句言汉之胜布得存，直天幸耳。　⑦此句假四子以资权，则当危汉，故不取。⑧伍子胥父伍奢为楚平王所杀，子胥亡吴，以吴兵伐楚，入楚都，时平王已死，掘其尸而鞭之。　⑨阖闾谋为王，聘勇士专诸刺死吴王僚，荆轲为燕刺秦始皇，两人行刺，皆于殿中。

梁王胜坠马死，谊自伤为傅无状[①]，常哭泣，后岁余，亦死。贾生之死，年三十三矣！

后四岁，齐文王[②]薨，亡子。文帝思贾生之言，乃分齐为六国，尽立悼惠王子六人为王；又迁淮南王喜于城阳，而分淮南为三国，尽立厉王三子以王之。后十年，文帝崩，景帝立，三年而吴、楚、赵与四齐王[③]合从举兵，西乡京师，梁王扞之，卒破七国。至武帝时，淮南厉王子为王者两国亦反诛。

孝武初立，举贾生之孙二人至郡守。贾嘉最好学，世其家。

①无状：言无善状。　②齐文王：名则，齐悼惠王肥孙。③四齐王，指胶东、胶西、菑川、济南四王。

赞曰：刘向称：“贾谊言三代与秦治乱之意，其论甚美，通达国体，虽古之伊、管①，未能远过也。使时见用，功化必盛。为庸臣所害，甚可悼痛。”追观孝文玄默躬行②以移风俗，谊之所陈略施行矣。及欲改定制度，以汉为土德，色上黄，数用五，及欲试属国，施五饵三表以系单于③，其术固以疏矣④。谊亦天年早终，虽不至公卿，未为不遇也。凡所著述五十八篇⑤，掇其切于世事者著于传云。

---

①伊、管：指伊尹、管仲。　②玄默：谓深沉寡言。躬行：谓身亲俭约之行。　③贾谊书谓赐之盛服车乘，以坏其目；赐之盛食珍味，以坏其口；赐之音乐妇人，以坏其耳；赐之高堂邃宇仓库奴婢，以及坏其腹；于来降者，上以召幸之相娱乐，亲酌而手食之，以坏其心；此五饵也。爱人之状，好人之技，仁道也；信为大操，帝义也；爱好有实，已诺可期，十死一生，彼将必至，此三表也。　④以：通“已”。疏：远。⑤贾谊著述名《新书》，凡五十八篇。

晁错传

晁错[1]，颍川[2]人也。学申、商刑名于轵张恢生所[3]，与洛阳宋孟及刘带[4]同师。以文学为太常掌故[5]。

错为人陗直刻深[6]。孝文时，天下亡治《尚书》者，独闻齐有伏生[7]，故秦博士，治《尚书》，年九十余，老不可征，乃诏太常，使人受之。太常遣错受《尚书》伏生所。还，因上书称说[8]。诏以为太子舍人，门大夫[9]，迁博士。又上书言："人主所以尊显，功名扬于万世之后者，以知术数也[10]。故人主知所以临制臣下而治其众，则群臣畏服矣；知所以听言受事，则不欺蔽矣；知所以安利万民，则海内必从矣；知所以忠孝事上，则臣子之行备矣：此四者，臣窃为皇太子急之！人臣之议，或曰：'皇太子亡以知事为也[11]。'臣之愚，诚以为不然。窃观上世之君，不能奉其宗庙而劫杀于其臣者，皆不知术数者也。皇太子所读书多矣，而未深知术数者，不问书说也[12]。夫多诵而不知其说，所谓劳苦而不为功。臣窃观皇太子材智高奇，驭射伎艺过人绝远，然于术数未有所守者，以陛下为心也。窃愿陛下幸择圣人之术可用今世者，以赐皇太子，因时使太子陈明于前。唯陛下裁察！"上善之。于是拜错为太子家令[13]。以其辩得幸太子，太子家号曰“智囊”。

---

①错：读如措。　②颍川：秦郡，地当今河南中部及南部一带。　③申商：申不害、商鞅，皆战国时刑名家。轵：汉县，故城在今河南济源东南，今名轵城镇。张恢：轵县刑名家。生：即先生。　④刘带：《史记》作刘礼。　⑤晁错以被举文学士为此官。掌故：太常官属，主故事。　⑥陗：同“峭”，峻狭。　⑦伏生：名胜，字子贱，世称伏生，济南人。　⑧上书称说：称师法而说其义。　⑨舍人、门大夫：皆太子官属，晁错初为舍人，后为门大夫。　⑩术数：谓法制治国之术。⑪此句言何用知事。　⑫说：谓所说之义。　⑬家令：官名，秦置太子家令，汉因之，主仓谷饮食。

是时匈奴强，数寇边，上发兵以御之。错上言兵事，曰：“臣闻汉兴以来，胡虏数入边地，小入则小利，大入则大利；高后时再入陇西①，攻城屠邑，驱略畜产；其后复入陇西，杀吏卒，大寇盗。窃闻战胜之威，民气百倍；败兵之卒，没世不复②。自高后以来，陇西三困于匈奴矣，民气破伤，亡有胜意。今兹陇西之吏，赖社稷之神灵，奉陛下之明诏，和辑士卒，底③厉其节，起破伤之民以当乘胜之匈奴，用少击众，杀一王，败其众而大有利。非陇西之民有勇怯，乃将吏之制巧拙异也。故兵法曰：‘有必胜之将，无必胜之心。’由此观之，安边境，立功名，在于良将，不可不择也。

----

①陇西：见《高帝纪》。　②言将永挫折。　③底：同“砥”。

“臣又闻，用兵临战合刃①之急者三：一曰得地形，二曰卒服习，三曰器用利。兵法曰：‘丈五之沟，渐②车之水，山林积石，经川丘阜③，草木所在，此步兵之地也，车骑二不当一。土山丘陵，曼衍④相属，平原广野，此车骑之地，步兵十不当一。平陵相远⑤，川谷居间，仰高临下，此弓弩之地也，短兵百不当一。两陈相近，平地浅草，可前可后，此长戟⑥之地也，剑楯⑦三不当一。萑苇竹萧⑧，草木蒙茏⑨，支叶茂接，此矛鋋之地也⑩，长戟二不当一。曲道相伏，险厄相薄，此剑楯之地也，弓弩三不当一。士不选练，卒不服习，起居不精，动静不集⑪，趋利弗及，避难不毕⑫，前击后解⑬，与金⑭鼓之（音）[指]相失，此不习勒卒之过也，百不当十。兵不完利，与空手同；甲不坚密，与袒裼同；弩不可以及远，与短兵同；射不能中，与亡矢同；中不能入，与亡镞⑮同：此将不省兵之祸也⑯，五不当一。故兵法曰：器械不利，以其卒予敌也；卒不可用，以其将予敌也；将不知兵，以其主予敌也；君不择将，以其国予敌也。四者，兵之至要也。

----

①合刃：谓交战。　②渐：浸湿。　③经川：常流的

水。丘：大阜。阜：土山。　④曼衍：联延。　⑤远：离。⑥长戟：古兵器名，长二丈四尺。　⑦楯：与“盾”通。⑧萑（huán）苇：芦狄。萧：蒿草。　⑨蒙茏：草木茂盛，互相覆蔽貌。　⑩鋋：铁把短矛。　⑪集：齐。　⑫毕：尽。　⑬解：同“懈”。　⑭金：金钲。　⑮镞：箭头。⑯省：视。兵：谓器械。省兵：检验兵器。

“臣又闻，小大异形，强弱异势，险易异备①。夫卑身以事强，小国之形也；合小以攻大，敌国之形也②；以蛮夷攻蛮夷，中国之形也③。今匈奴地形、技艺与中国异。上下山阪，出入溪涧，中国之马弗与也④；险道倾仄，且驰且射，中国之骑弗与也；风雨罢劳⑤，饥渴不困，中国之人弗与也：此匈奴之长技也。若夫平原易地⑥，轻车突骑⑦，则匈奴之众易挠乱也⑧；劲弩长戟，射疏⑨及远，则匈奴之弓弗能格也；坚甲利刃，长短相杂，游弩往来，什伍俱前⑩，则匈奴之兵弗能当也；材官驺发⑪，矢道同的，则匈奴之革笥木荐⑫弗能支也；下马地斗，剑戟相接，去就相薄⑬，则匈奴之足弗能给也⑭：此中国之长技也。以此观之，匈奴之长技三，中国之长技五。陛下又兴数十万之众，以诛数万之匈奴，众寡之计，以一击十之术也。

---

①易：平也。　②彼我力弱，不能相胜，则须连结外援，共制之。　③不烦华夏之兵，使其同类自相攻击。　④弗

与：不如。　⑤罢：同“疲”。　⑥易：亦平。　⑦突骑：言其骁锐可用冲突敌人。　⑧扰乱：搅乱。　⑨疏：远阔。　⑩五人为伍，二伍为什。　⑪材官：有材力者。驺发：疾发。　⑫革笥：以皮作如铠者被之。木荐：以木板作，如楯。　⑬薄：迫。　⑭给：犹供。

“虽然，兵，凶器；战，危事也。以大为小，以强为弱，在俛卬[①]之间耳。夫以人之死争胜，跌而不振[②]，则悔之亡及也。帝王之道，出于万全。今降胡义渠[③]蛮夷之属来归谊者，其众数千，饮食长技与匈奴同，可赐之坚甲絮衣，劲弓利矢，益以边郡之良骑。令明将能知其习俗和辑其心者，以陛下之明约将之。即有险阻，以此当之；平地通道，则以轻车材官制之。两军相为表里，各用其长技，衡加之以众，此万全之术也。

“传曰：‘狂夫之言，而明主择焉。’臣错愚陋，昧死上狂言，唯陛下财择！”

文帝嘉之，乃赐错玺书[④]宠答焉，曰：“皇帝问太子家令：上书言兵体三章，闻之。《书》言‘狂夫之言，而明主择焉’。今则不然。言者不狂，而择者不明，国之大患，故在于此。使夫不明择于不狂，是以万听而万不当也。”

---

①俛卬：同“俯仰”。　②跌而不振：谓蹉跌不可复起。　③义渠：战国秦置县，今属甘肃庆阳市西峰区。　④玺书：皇

帝的诏敕。

错复言守边备塞，劝农力本①，当世急务二事，曰："臣闻秦时北攻胡貉，筑塞河上，南攻杨粤②，置戍卒焉。其起兵而攻胡、粤者，非以卫边地而救民死也，贪戾而欲广大也，故功未立而天下乱。且夫起兵而不知其势③，战则为人禽，屯则卒积死④。夫胡貉之地，积阴之处也，木皮三寸⑤，冰厚六尺，食肉而饮酪⑥，其人密理⑦，鸟兽毳毛⑧，其性能⑨寒。杨粤之地少阴多阳，其人疏理，鸟兽希毛，其性能暑。秦之戍卒不能其水土，戍者死于边，输者偾⑩于道。秦民见行，如往弃市，因以谪发之，名曰"谪戍"。先发吏有谪及赘婿、贾人，后以尝有市籍者，又后以大父母、父母尝有市籍者，后入闾，取其左⑪。发之不顺，行者深恐，有背畔之心。凡民守战至死而不降北者⑫，以计为之也⑬。故战胜守固则有拜爵之赏，攻城屠邑则得其财卤以富家室，故能使其众蒙⑭矢石，赴汤火，视死如生。今秦之发卒也，有万死之害，而亡铢两之报⑮，死事之后不得一算之复⑯，天下明知祸烈及已也。陈胜行戍，至于大泽，为天下先倡，天下从之如流水者，秦以威劫而行之之敝也。

---

①劝农力本：指劝贵粟，民入粟者得赐爵，得除罪，文载《汉书·食货志》。 ②杨粤：即南越。 ③势：地势。 ④积：与"渍"通。渍死：病死。 ⑤木皮三寸：言树木之皮

厚三寸，土地寒故也。　⑥酪：畜乳。　⑦密理：谓肌理紧密。（陈直说）　⑧毳（cuì）：鸟兽的细毛。　⑨能：读如耐。　⑩偾（fèn）：僵仆。　⑪闾：里门。居闾之左者，一切皆发之，未及发右而秦亡。　⑫北：败退。　⑬此句言自计亦为利而愿为之。　⑭蒙：冒犯。　⑮亡铢两之报：言无丝毫之酬报。　⑯汉律，人出一算，算二百钱。复：复除。

“胡人衣食之业不著[①]于地，其势易以扰乱边竟[②]。何以明之？胡人食肉饮酪，衣皮毛，非有城郭田宅之归居，如飞鸟走兽放于广壄[③]，美草甘水则止，草尽水竭则移。以是观之，往来转徙，时至时去，此胡人之生业，而中国之所以离南晦[④]也。今使胡人数处转牧行猎于塞下，或当燕代，或当上郡、北地、陇西，以候[⑤]备塞之卒，卒少则入。陛下不救，则边民绝望而有降敌之心；救之，少发则不足，多发，远县才至，则胡又已去。聚而不罢，为费甚大；罢之，则胡复入。如此连年，则中国贫苦而民不安矣。

①著：固定。　②竟：同“境”。　③壄：古“野”字。　④晦：古“亩”字。南亩，耕种之处。　⑤候：窥伺。

“陛下幸忧边境，遣将吏发卒以治塞，甚大惠也。然令远方之卒守塞，一岁而更[①]，不知胡人之能[②]，不如选常居者，家室田作，且以备之。以便为之高城深堑[③]，具蔺石[④]，布渠答[5]。复为一城，其内城间百五十步。要害之处，通川之道，调立城邑，毋下千家[6]，为中周虎落[7]。先为室屋，具田器，乃募罪人及免徒复作令居之[8]；不足，募以丁奴婢赎罪及输奴婢欲以拜爵者；不足，乃募民之欲往者，皆赐高爵，复其家。予冬夏衣，廪食，能自给而止[9]。郡县之民得买其爵，以自增至卿[10]。其亡夫若妻者，县官买予之。人情非有匹敌，不能久安其处。塞下之民，禄利不厚，不可使久居危难之地。胡人入驱而能止其所驱者，以其半予之[11]，县官为赎其民[12]。如是，则邑里相救助，赴胡不避死。非以德上也，欲全亲戚而利其财也。此与东方之戍卒不习地势而心畏胡者，功相万也[13]。以陛下之时，徙民实边，使远方无屯戍之事，塞下之民父子相保，亡系虏之患，利施后世，名称圣明，其与秦之行怨民，相去远矣。”上从其言，募民徙塞下。

①更：代易。　②不知其所能，则备御之方不具。　③因山川地形之便，而为之高其城深其堑。　④蔺石：城上雷石，一名炮石，为城防守御所用。　⑤渠答：铁蒺藜。　⑥调：算度。总计城邑之中，令有千家以上也。　⑦虎落：以竹篾相连遮落之，用以护城。于内城小城之中间，以竹篾周绕之，故曰中周虎落。　⑧募有罪者，及罪人遇赦复作竟其日月者，皆除其罚，令居之。　⑨初徙之时，县官且廪给其衣食，迨能自供赡乃止。　⑩卿：谓左庶长以上之爵。　⑪言胡人入冠，驱

略汉人及畜产，苟有人能止得其所驱者，令其本主以半赏之。⑫言县官为备价赎之。　⑬言其功万倍于东方之戍卒。

错复言："陛下幸募民相徙以实塞下，使屯戍之事益省，输将①之费益寡，甚大惠也。下吏诚能称厚惠，奉明法，存恤所徙之老弱，善遇其壮士，和辑其心而勿侵刻，使先至者安乐而不思故乡，则贫民相募②而劝往矣。臣闻古之徙远方以实广虚③也，相其阴阳之和，尝其水泉之味，审其土地之宜，观其草木之饶，然后营邑立城，制里割宅，通田作之道，正阡陌之界④。先为筑室，家有一堂二内⑤，门户之闭，置器物焉。民至有所居，作有所用，此民所以轻去故乡而劝之⑥新邑也。为置医巫，以救疾病，以修祭祀，男女有昏，生死相恤，坟墓相从，种树畜长，室屋完安，此所以使民乐其处而有长居之心也。

---

①输将：输送。　②相募：相慕。　③广：同"旷"。虚：同"墟"。　④阡陌：田间小路，以区界田亩者。　⑤二内：指东房、西室。　⑥之：往。

"臣又闻，古之制边县以备敌也，使五家为伍，伍有长；十长一里，里有假士；四里一连，连有假五百①；十连一邑，邑有假候。皆择其邑之贤材有护②，习地形知民心者，居则习民于射法，出则教民于应敌。故卒伍成于内，则军正③定于外。服习以成，勿令迁徙，幼则同游，长则共事。夜战声相知，则足以相救；昼战目相见，则足以相识；欢爱之心，足以相死。如此而劝以厚赏，威以重罚，则前死不还踵矣④。所徙之民非壮有材力，但费衣粮，不可用也；虽有材力，不得良吏，犹亡功也。

“陛下绝匈奴不与和亲，臣窃意其冬来南也，壹大治⑤，则终身创矣⑥。欲立威者，始于折胶⑦，来而不能困，使得气⑧去，后未易服也。愚臣亡识，唯陛下财察！”

---

①假五百：帅名。　②有护：有保护能力的人。　③军正：军政。　④还，读为“旋”。旋踵：回旋其足。　⑤壹大治：大大地惩治匈奴一次。　⑥创：重创。　⑦胶：弓也。秋至，气始凝，胶乃劲而可折。折胶，即弯弓意。　⑧得气：使其得胜而逞气志。

后诏有司举贤良文学士，错在选中。上亲策诏之曰：“惟十有五年九月壬子，皇帝曰：昔者大禹勤求贤士，施及方外①，四极②之内，舟车所至，人迹所及，靡不闻命，以辅其不逮③；近者献其明，远者通厥聪，比善戮力④，以翼⑤天子。是以大禹能亡失德，夏以长楙⑥。高皇帝亲除大害，去乱从⑦，并建豪英，以为官师⑧，为谏争，辅天子之阙，而翼戴汉宗也。赖天之灵，宗庙之福，方内以安，泽及四夷。今朕获执天子之正，以承宗庙之祀，朕既不德，又不敏，明弗能烛，而智不能治，此大夫之所著闻也。故诏有司、诸侯王、三公、九卿及主郡吏⑨，各帅其志⑩，以选贤良明于国家之大体，通于人事之终始，及能直言极谏者，各有人数，将以匡朕之不逮。二三大夫之行⑪当此三道⑫，朕甚嘉之，故登大夫于朝，亲谕朕志。大夫其上三道之要，及永惟朕之不德，吏之不平，政之不宣，民之不宁，四者之阙，悉陈其志，毋有所隐。上以荐先帝之宗庙，下以兴愚民之休利⑬，著之于篇⑭，朕亲览焉，观大夫所以佐朕，至与不至。书之，周之密之，重之闭之。兴自朕躬⑮，大夫其正论，毋枉执事⑯。乌乎，戒之！二三大夫其帅志，毋怠！”

---

①施：延。方外：境外。　②四极：四方之远处。　③言四远之贤士，闻其勤求之命，咸来匡辅之也。　④戮力：勉力，齐心合力。　⑤翼：助。　⑥楙：盛美。　⑦从：同“纵”；乱从：谓项羽，时汉得关中，羽西向争天下，故曰乱从。　⑧师：长也。以为一官之长。　⑨主郡吏：谓郡守。⑩帅：遵。　⑪当受策之时，非止错一人，故曰二三大夫。⑫三道：指国体、人事、直言。　⑬休：美也。　⑭篇：简牍。　⑮兴自朕躬：由我亲自拆阅。　⑯毋枉执事：不要因为顾忌当权官吏的阻挠反对而不敢直陈。

错对曰：“平阳侯臣窋①、汝阴侯臣灶②、颍阴侯臣何③、廷尉臣宜昌④、陇西太守臣昆邪⑤所选贤良太子家令臣错⑥昧死再拜言：臣窃闻，古之贤主莫不求贤以为辅翼，故黄帝得力牧⑦而为五帝先，大禹得咎繇而为三王祖，齐桓得管子而为五伯长。今陛下讲⑧于大禹及高皇帝之建豪英也，退⑨托于不明，以求贤良，让之至也。臣窃观上世之传⑩，若高皇帝之建功业，陛下之德厚而得贤佐，皆有司之所览，刻于玉版⑪，藏于金匮⑫，历之春秋，纪之后世，为帝者祖宗，与天地相终。今臣窋等乃以臣错充赋⑬，甚不称明诏求贤之意。臣错草茅臣，亡识知，昧死上愚对，曰：

①平阳侯窋，指曹窋，皆参子。　②汝阴侯灶，夏侯婴子。　③颍阴侯何，灌何，灌婴子。　④廷尉宜昌，逸其姓。　⑤陇西太守昆邪，公孙昆邪。　⑥列侯九卿及郡守举贤良，故晁错为窋等所举。　⑦力牧：黄帝之臣。　⑧讲：谓讲义。　⑨自托不明是谦退。　⑩传：史传。　⑪玉版：镌刻功勋。　⑫金匮：收藏秘书。　⑬充赋：凑数。

“诏策曰‘明于国家大体’，愚臣窃以古之五帝明之。臣闻五帝神圣，其臣莫能及，故自亲事①，处于法宫之中②，明堂之上；动静上配天，下顺地，中得人。故众生之类亡不覆也，根著之徒亡不载也③；烛④以光明，亡偏异也；德上及飞鸟，下至水虫草木诸产，皆被其泽。然后阴阳调，四时节，日月光，风雨时，膏露降⑤，五谷熟，祆孽灭，贼气息⑥，民不疾疫，河出图，洛出书，神龙至，凤鸟翔，德泽满天下，灵光施四海。此谓配天地，治国大体之功也。

①亲理万机之事。　②法宫：路寝正殿。　③有根著地者，皆载之也。　④烛：照也。　⑤露凝如膏。　⑥贼气：阴阳不正之气为灾者。

“诏策曰‘通于人事终始’，愚臣窃以古之三王明之。臣闻三王臣主俱贤，故合谋相辅，计安天下，莫不本于人情。人情莫不欲寿，三王生而不伤也；人情莫不欲富，三王厚而不困也；人情莫不欲安，三王扶而不危也；人情莫不欲逸，三王节其力而不尽也。其为法令也，合于人情而后行之；其动众使民也，本于人事然后为之。取人以己，内恕及人①。情之所恶，不以强人；情之所欲，不以禁民。是以天下乐其政，归其德，望之若父母，从之若流水；百姓和亲，国家安宁，名位不失，施②及后世。此明于人情终始之功也。

①以己之心，揆之于人。　②施：延。

“诏策曰‘直言极谏’，愚臣窃以五伯之臣明之。臣闻五伯不及其臣，故属①之以国，任之以事。五伯之佐之为人臣也，察身而不敢诬②，奉法令不容私，尽心力不敢矜③，遭患难不避死，见贤不居其上，受禄不过其量，不以亡能居尊显之位。自行若此，可谓方正之士矣。其立法也，非以苦民伤众而为之机陷也④，以之兴利除害，尊主安民而救暴乱也。其行赏也，非虚取民财妄予人也，以劝天下之忠孝而明其功也。故功多者赏厚，功少者赏薄。如此，敛民财以顾⑤其功，而民不恨者，知与而安己也⑥。其行罚也，非以忿怒妄诛而从⑦暴心也，以禁天下不忠不孝而害国者也。故罪大者罚重，罪小者罚轻。如此，民虽伏罪至死而不怨者，知罪罚之至，自取之也。立法若此，可谓平正之吏矣。法之逆者，请而更之⑧，不以伤民；主行之暴者，逆而复之⑨，不以伤国。救主之失，补主之过，扬主之美，明主之功，使主内亡邪辟之行，外亡骞污之名⑩。事君若此，可谓直言极谏之士矣。此五伯之所以德匡天下，威正诸侯，功业甚美，名声章明。举天下之贤主，五伯与焉，此身不及其臣而使得直言极谏补其不逮之功也。今陛下人民之众，威武之重，德惠之厚，令行禁止之势，万万于五伯，而赐愚臣策曰‘匡朕之不逮’，愚臣何足以识陛下之高明而奉承之！

---

①属：委。　②各察己之材用，不敢逾越而诬上。　③矜：自伐。　④机：发。陷：陷阱。　⑤顾：雇赁，酬偿。⑥知与：取材以赏功，无妄费也。民亦知为安己而用财，故不恨也。　⑦从：同“纵”。　⑧更：改。　⑨逆而复之：拂逆人主意见，使之返于正道。　⑩骞：亏损。污：污辱。

“诏策曰‘吏之不平，政之不宣，民之不宁’，愚臣窃以秦事明之。臣闻秦始并天下之时，其主不及三王，而臣不及其佐[①]；然功力不迟者，何也？地形便，山川利，财用足，民利战。其所与并者六国，六国者，臣主皆不肖，谋不辑[②]，民不用；故当此之时，秦最富强。夫国富强而邻国乱者，帝王之资也，故秦能兼六国，立为天子。当此之时，三王之功不能进焉[③]。及其末途之衰也，任不肖而信谗贼；宫室过度，耆欲亡极，民力罢尽，赋敛不节；矜奋自贤，群臣恐谀[④]，骄溢纵恣，不顾患祸；妄赏以随喜意，妄诛以快怒心，法令烦憯[⑤]，刑罚暴酷，轻绝人命，身自射杀；天下寒心，莫安其处。奸邪之吏，乘其乱法，以成其威，狱官主断，生杀自恣。上下瓦解，各自为制。秦始乱之时，吏之所先侵者，贫人贱民也；至其中节，所侵者，富人吏家也[⑥]；及其末途，所侵者，宗室大臣也。是故亲疏皆危，外内咸怨，离散逋逃，人有走心，陈胜先倡，天下大溃，绝祀亡世，为异姓福。此吏不平，政不宣，民不宁之祸也。今陛下配天象地，覆露万民[⑦]，绝秦之迹，除其乱法；躬亲本事[⑧]，废去淫末；除苛解娆[⑨]，宽大爱人；肉刑不用，罪人亡帑[⑩]；非谤不治，铸钱者除[⑪]；通关去塞[⑫]，不孽[⑬]诸侯；宾礼长老，爱恤少孤；罪人有期[⑭]，后宫出嫁；尊赐孝悌，农民不租；明诏军师，爱士大夫；求进方正，废退奸邪；除去阴刑[⑮]，害民者诛；忧劳百姓，列侯就都[⑯]；亲耕节用，视[⑰]民不奢。所为天下兴利除害，变法易故，以安海内者，大功数十，皆上世之所难及，陛下行之，道纯德厚，元元之民幸矣。

"诏策曰'永惟朕之不德'，愚臣不足以当之。

---

①言臣亦不及三王之佐。 ②辑：和。 ③进：前也。言不在秦之前。 ④恐诀：为恐惧而为谄诀。 ⑤憯：同"惨"。 ⑥吏家：仕宦之家。 ⑦覆：荫。露：膏泽。⑧本事：农事。言帝王亲率农耕。 ⑨娆：亦苛也。 ⑩亡：同"无"；亡帑：谓除收孥相坐律，只罚罪人自身，而不及其妻子。帑：与"孥"通。 ⑪除铸钱律，听民得自铸。 ⑫通关去塞：指文帝十二年颁布的人民出入关隘不用符传的法令。⑬孽：猜疑。 ⑭罪人各用轻重，不亡逃，有年而免，满其年，免为庶人。 ⑮阴刑：即宫刑。 ⑯列侯就都：各就其封国治民，不得留在长安。 ⑰视：同"示"。

"诏策曰'悉陈其志，毋有所隐'，愚臣窃以五帝之贤臣明之。臣闻五帝其臣莫能及，则自亲之；三王臣主俱贤，则共忧之；五伯不及其臣，则任使之。此所以神明不遗①，而贤圣不废②也，故各当其世而立功德焉。传曰'往者不可及，来者犹可待③，能明其世者，谓之天子④'，此之谓也。窃闻战不胜者易其地，民贫穷者变其业。今以陛下神明德厚，资财⑤不下五帝，临制天下，至今十有六年，民不益富，盗贼不衰，边竟未安，其所以然，意者陛下未之躬亲而待群臣也。今执事之臣皆天下之选已⑥，然莫能望陛下清光⑦，譬之犹五帝之佐也。陛下不自躬亲，而待不望清光之臣，臣窃恐神明之遗也⑧。日损一日，岁亡一岁，日月益暮，盛德不及究于天下，以传万世，愚臣不自度量，窃为陛下惜之。昧死上狂惑草茅之愚（臣）⑨言，唯陛下财择！”

时贾谊已死，对策者百余人，唯错为高第⑩。由是迁中大夫。

---

①神明不遗：谓当时神明周于事。　②贤圣不废：谓后世圣贤称其功。　③来者犹可待：言各当其时，务立功名。　④此句言能令当世之人，明晓理道，勉为善良，斯谓之天子。　⑤资：质也。财：与“材”通。　⑥已：语终之辞。　⑦此句言今之臣不能望见陛下之光景所及。　⑧此句言恐上神明不周，致有废事。　⑨臣：衍文。　⑩高第：等第之高者，凡举官选士，成绩优异者皆称之。

错又言宜削诸侯事，及法令可更定者，书凡三十篇。孝文虽不尽听，然奇其材。当是时，太子善错计策，爰盎诸大功臣①多不好错。

---

①此句言爰盎及诸大功臣。

景帝即位，以错为内史。错数请间言事，辄听，幸倾九卿，法令多所更定。丞相申屠嘉心弗便，力未有以伤。内史府居太上庙堧中[1]，门东出，不便，错乃穿门南出，凿庙堧垣。丞相大怒，欲因此过为奏请诛错。错闻之，即请间为上言之。丞相奏事，因言错擅凿庙垣为门，请下廷尉诛。上曰："此非庙垣，乃堧中垣，不致于法。"丞相谢[2]。罢朝，因怒谓长史[3]曰："吾当先斩以闻，乃先请，固误！"丞相遂发病死。错以此愈贵。迁为御史大夫，请诸侯之罪过，削其支郡[4]。奏上，上令公卿、列侯、宗室杂议，莫敢难，独窦婴争之，由此与错有隙。

---

①太上庙：即太上王庙。堧（ruán）：内垣之外的余地。②以所奏不当天子意，故谢。　③长史：官名。汉相国丞相府置长史。　④支郡：在国之四边者。

错所更令三十章，诸侯讙哗。错父闻之，从颍川来，谓错曰："上初即位，公[1]为政用事，侵削诸侯，疏人骨肉，口让[2]多怨，公何为也！"错曰："固也[3]。不如此，天子不尊，宗庙不安。"父曰："刘氏安矣，而晁氏危，吾去公归矣！"遂饮药死，曰："吾不忍见祸逮身！"

---

①公：汉初常语，相称以公。　②让：责备。　③固也：言固当如此。

后十余日，吴楚七国俱反，以诛错为名。上与错议出军事，错欲令上自将兵，而身居守。会窦婴言爰盎，诏召入见，上方与错调①兵食。上问盎曰："君尝为吴相，知吴臣田禄伯为人乎？今吴楚反，于公意何如？"对曰："不足忧也，今破矣。"上曰："吴王即②山铸钱，煮海为盐，诱天下豪桀，白头举事，此其计不百全，岂发乎？何以言其无能为也？"盎对曰："吴铜盐之利则有之，安得豪桀而诱之！诚令吴得豪桀，亦且辅而为谊，不反矣。吴所诱，皆亡赖子弟，亡命铸钱奸人，故相诱以乱。"错曰："盎策之善。"上问曰："计安出？"盎对曰："愿屏左右！"上屏人，独错在。盎曰："臣所言，人臣不得知！"乃屏错。错趋避东箱③，甚恨。上卒④问盎。对曰："吴、楚相遗书，言高皇帝王子弟各有分地⑤，今贼臣晁错擅适诸侯，削夺之地，以故反；名为西共诛错，复故地而罢。方今计，独有斩错，发使赦吴楚七国，复其故地，则兵可毋血刃而俱罢。"于是上默然，良久曰："顾诚何如⑥？吾不爱一人谢天下。"盎曰："愚计出此，唯上孰计之！"乃拜盎为太常，密装治行。

---

①调：计发之。　②即：就。　③箱：东夹之前，俟事之处。　④卒：竟。　⑤各有分地：言各有定地。　⑥顾：念。诚：实。

后十余日，丞相青①、中尉嘉、廷尉欧②劾奏错曰："吴王反逆亡道，欲危宗庙，天下所当共诛。今御史大夫错议曰：‘兵数百万，独属③群臣，不可信，陛下不如自出临兵，使错居守。徐、僮之旁④，吴所未下者可以予吴。’错不称陛下德信，欲疏群臣百姓，又欲以城邑予吴，亡臣子礼，大逆无道。错当要斩，父母妻子同产无少长皆弃市。臣请论如法。”制曰：“可。”错殊不知。乃使中尉召错，给载行市⑤。错衣朝衣⑥。斩东市。

---

①丞相青：即陶青。　②中尉嘉、廷尉欧：皆逸其姓。③属：委也。　④徐、僮：指临淮二县。　⑤诳云乘车，案行市中。　⑥朝衣：朝服。

错已死，谒者仆射邓公为校尉，击吴、楚为将。还，上书言军事，见上。上问曰：“道军所来①，闻晁错死，吴、楚罢不？”邓公曰：“吴为反数十岁矣，发怒削地，以诛错为名，其意不在错也。且臣恐天下之士拑口不敢复言矣②。”上曰：“何哉？”邓公曰：“夫晁错患诸侯强大不可制，故请削之，以尊京师，万世之利也。计画始行，卒受大戮，内杜忠臣之口③，外为诸侯报仇，臣窃为陛下不取也！”于是景帝喟然长息，曰：“公言善，吾亦恨之！”乃拜邓公为城阳中尉。邓公，成固人也④，多奇计。建元（年）中⑤，上招贤良，公卿言邓先。邓先时免，起家为九卿。一年，复谢病免归。其子章，以修黄老言显诸公间。

①道军所来：言从军所来。②拑口：谓缄默不言。③杜：塞。④成固：汉县，故城在今陕西城固县西北。⑤建元：武帝年号。

赞曰：……晁错锐于为国远虑，而不见身害。其父睹之，经于沟渎[1]，亡益救败，不如赵母指括，以全其宗[2]，悲夫！错虽不终，世哀其忠。故论其施行之语著于篇。

①《论语》：“岂若匹夫匹妇之为谅也，自经于沟渎，而人莫知之也。”②赵奢卒，赵使其子括为将，其母言之赵王曰：“愿王易括。”王不许，母要王，括有罪，愿不坐，王许之。后括果败于长平，以母前约，得不坐。

李陵苏武传

陵①字少卿，少为侍中建章监。善骑射，爱人，谦让下士，甚得名誉。武帝以为有广之风，使将八百骑，深入匈奴二千余里，过居延视地形②，不见虏，还。拜为骑都尉，将勇敢五千人③，教射酒泉、张掖以备胡④。

---

①陵：李广孙，附李广传，故不著姓。　②居延：塞名，在甘肃西北境。　③勇敢：兵士之号。　④酒泉：即今甘肃酒泉市。张掖：汉郡，在今甘肃境。

数年，汉遣贰师将军伐大宛①，使陵将五校兵②随后。行至塞，会贰师还。上赐陵书，陵留吏士，与轻骑五百出敦煌，至盐水③，迎贰师还，复留屯张掖。

---

①贰师将军：指李广利。大宛：古国名，在大月氏之东北，今俄属费尔干纳盆地。　②五校兵：此军五营兵。　③敦煌：汉郡，在今甘肃境。盐水：在今新疆吐鲁番市东。

天汉二年，贰师将三万骑出酒泉，击右贤王于天山①。

召陵，欲使为贰师将辎重。陵召见武台②，叩头自请曰：“臣所将屯边者，皆荆楚勇士奇材剑客也，力扼③虎，射命中④，愿得自当一队，到兰干山南，以分单于兵。毋令专乡贰师军。”上曰：“将恶相属邪！吾发军多，毋⑤骑予女。”陵对：“无所事骑⑥，臣愿以少击众，步兵五千人涉单于庭。”上壮而许之，因诏强弩都尉路博德将兵半道迎陵军。博德故伏波将军⑦，亦羞为陵后距⑧，奏言：“方秋匈奴马肥，未可与战，臣愿留陵至春，俱将酒泉、张掖骑各五千人并击东西浚稽⑨，可必禽也。”书奏，上怒，疑陵悔不欲出而教博德上书，乃诏博德：“吾欲予李陵骑，云‘欲以少击众’。今虏入西河⑩，其引兵走西河，遮钩营之道⑪!”诏陵：“以九月发，出庶虏鄣⑫，至东浚稽山南龙勒水上⑬，徘徊观虏，即亡所见，从浞野侯赵破奴故道抵受降城休士⑭，因骑置⑮以闻。所与博德言者云何？具以书对！”陵于是将其步卒五千人出居延，北行三十日，至浚稽山止营，举图所过山川地形，使麾下骑陈步乐还以闻。步乐召见，道陵将率得士死力，上甚说，拜步乐为郎。

---

①天山：横亘在新疆维吾尔自治区中部，东和阴山相接，西抵哈萨克斯坦境内。　②未央宫有武台殿。　③扼：掐住，握住。　④命中：所指之处，即射中之。　⑤毋：同“无”。　⑥无所事骑：犹言不须骑。　⑦博德曾为伏波将军，破南越。　⑧距：同“拒”。博德自以资深，以居陵后拒敌为羞。　⑨浚

稽：山名，在今喀尔喀土喇河及鄂尔浑河之间。　⑩西河：在甘肃平罗县。　⑪钩营：地名。帝疑陵，因徙博德出师道。⑫遮虏鄣：路博德所筑，即居延城，亦曰居延塞，在今甘肃金塔县北边蒙古国额济纳旗。　⑬龙勒水：在今蒙古国西部。⑭抵：至。受降城：在今呼和浩特市乌剌特旗北，即汉九原北塞外。　⑮骑置：驿马。借指乘马传送公文的人。

陵至浚稽山，与单于相直，骑可三万围陵军。军居两山间①，以大车为营②。陵引士出营外为陈，前行③持戟盾，后行持弓弩，令曰："闻鼓声而纵④！闻金⑤声而止！"虏见汉军少，直前就营。陵搏战攻之⑥，千弩俱发，应弦而倒。虏还走上山，汉军追击，杀数千人。单于大惊，召左右地兵八万余骑攻陵。陵且战且引，南行数日，抵山谷中。连战，士卒中矢伤，三创者载辇⑦，两创者将车⑧，一创者持兵战。陵曰："吾士气少衰而鼓不起者⑨，何也？军中岂有女子乎？"始军出时，关东群盗妻子徙边者随军为卒妻妇，大匿车中。陵搜得，皆剑斩之。明日复战，斩首三千余级。引兵东南，循故龙城道⑩行，四五日，抵大泽葭苇中⑪，虏从上风纵火，陵亦令军中纵火以自救⑫。南行至山下，单于在南山上，使其子将骑击陵。陵军步斗树木间，复杀数千人，因发连弩射单于⑬，单于下走。是日捕得虏，言："单于曰：'此汉精兵，击之不能下，日夜引吾南近塞，得毋有伏兵乎？'诸当户⑭君长皆言：'单于自将数万骑击汉数千人不能灭，后无以复使边臣，令汉益轻匈奴。复力战山谷间，尚四五十里得平地，不能破，乃还。’”是时陵军益急，匈奴骑多，战一日数十合，复伤杀虏二千余人。

---

①两山间：指东西浚稽两山间。　②以大车为营：李陵以此车载辎重，固行陈，备冲突。　③行：音 háng。　④纵：击之。　⑤金：钲也。一种古代乐器，形似钟而狭长，有柄，击之发声，用铜制成。行军时用以节止步伐。　⑥搏战：拼搏战斗。　⑦受三创者不能行，载之于辇。　⑧将：挽。⑨击鼓进士，而士气不起。　⑩龙城：汉时匈奴地名。为匈奴祭天之处。　⑪葭：庐也。　⑫预自烧其旁草木，令虏火不得延及。　⑬连弩：一弩可发数矢者。　⑭当户：匈奴官名。

虏不利，欲去，会陵军候管敢为校尉所辱①，亡降匈奴，具言“陵军无后救，射矢且尽，独将军麾下及成安侯校各八百人为前行，以黄与白为帜，当使精骑射之即破矣。”成安侯者，颍川人②，父韩千秋，故济南相③，奋击南越④，战死，武帝封子延年为侯，以校尉随陵。单于得敢大喜，使骑并攻汉军；疾呼曰：“李陵、韩延年趣降！”遂遮道急攻陵。陵居谷中，虏在山上，四面射，矢如雨下。汉军南行，未至鞮汗山⑤，一日五十万矢皆尽，即弃车去。士尚三千余人，徒斩车辐而持之⑥，军吏持尺刀⑦，抵山⑧入狭谷。单于遮其后，乘隅下垒石⑨，士卒多死，不得行。

①领军之部，有校尉，部下有曲，曲有军，候一人。管敢被校尉笞五十，乃投降匈奴。　②颍川：见《晁错传》。　③韩千秋曾为济南王辟光相。　④南越：国名，秦末赵佗建立，汉武帝元鼎六年灭亡。　⑤鞮汗山：在遮虏鄣西北百八十里。鞮汗：指古代北方的少数民族。　⑥徒：但也。辐：车轮中连接车毂和轮辋的一条条直棍。斩而持之，以当军器。　⑦弩戟皆尽，但持短刀。　⑧抵山：入鞮汗山。　⑨垒石：投击敌人的巨石。李陵居谷中，虏在山上，故以垒石投击。

昏后，陵便衣独步出营①，止左右：“毋随我，丈夫一取单于耳②！”良久，陵还，大息曰：“兵败，死矣！”军吏或曰：“将军威震匈奴，天命不遂，后求道径还归③，如浞野侯为虏所得，后亡还，天子客遇之④，况于将军乎！”陵曰：“公止！吾不死，非壮士也。”于是尽斩旌旗，及珍宝埋地中。陵叹曰：“复得数十矢，足以脱矣。今无兵⑤复战，天明坐受缚矣！各鸟兽散，犹有得脱归报天子者。”令军士人持二升糒，一半冰⑥，期至遮虏鄣者相待⑦。夜半时，击鼓起士，鼓不鸣⑧。陵与韩延年俱上马，壮士从者十余人。虏骑数千追之，韩延年战死。陵曰：“无面目报陛下！”遂降。军人分散，脱至塞者四百余人。

①便衣不介胄，犹古人免胄，欲致死于敌也。　②言一身

独取。　③劝陵且降匈奴，后求得间道，而径归汉。　④赵破奴曾没匈奴，后仍亡归也。客遇：犹宽待。　⑤兵：矢矛之属。　⑥糒（bèi）：干饭。半：读如判，大片。　⑦与军士期：有先至遮虏鄣者，留驻以待后至。　⑧鼙鼓之声温以沐，大败之征。

陵败处去塞百余里，边塞以闻。上欲陵死战，召陵母及妇，使相者视之，无死丧色。后闻陵降，上怒甚，责问陈步乐，步乐自杀。群臣皆罪陵，上以问太史令司马迁，迁盛言："陵事亲孝，与士信，常奋不顾身以殉①国家之急，其素所畜积也，有国士之风。今举事一不幸，全躯保妻子之臣随而媒蘖②其短，诚可痛也！且陵提步卒不满五千，深蹂③戎马之地，抑数万之师，虏救死扶伤不暇，悉举引弓之民共攻围之。转斗千里，矢尽道穷，士张空（拳）[弮]④，冒白刃，北首争死敌，得人之死力，虽古名将不过也！身虽陷败，然其所摧败亦足暴于天下⑤。彼之不死，宜欲得当以报汉也⑥。"初，上遣贰师大军出，财⑦令陵为助兵，及陵与单于相值，而贰师功少，上以迁诬罔，欲沮贰师，为陵游说，下迁腐刑⑧。久之，上悔陵无救，曰："陵当发出塞，乃诏强弩都尉令迎军。坐预诏之，得令老将生奸诈。"乃遣使劳赐陵余军得脱者。

---

①殉：为某种目的或理想而献身。　②媒蘖（niè）：酒

母。比喻借端诬罔构陷，酿成其罪。　③輮：同“蹂”，践踏。④卷：连弩。　⑤摧败：挫败，此指败匈奴之兵。暴：昭示，显示。　⑥当：适可。谓欲得适可之事会而动，非真降匈奴。⑦财：与“才”同，仅也。　⑧腐刑：即宫刑。

陵在匈奴岁余，上遣因杅将军公孙敖将兵深入匈奴迎陵。敖军无功还，曰：“捕得生口，言李陵教单于为兵以备汉军，故臣无所得。”上闻，于是族陵家，母弟妻子皆伏诛。陇西士大夫以李氏为愧①。其后，汉遣使使匈奴，陵谓使者曰：“吾为汉将步卒五千人横行匈奴，以亡救而败，何负于汉而诛吾家？”使者曰：“汉闻李少卿教匈奴为兵。”陵曰：“乃李绪，非我也。”李绪本汉塞外都尉，居奚侯城，匈奴攻之，绪降，而单于客遇绪，常坐陵上。陵痛其家以李绪而诛，使人刺杀绪。大阏氏②欲杀陵，单于匿之北方，大阏氏死，乃还。

单于壮陵③，以女妻之，立为右校王，卫律为丁灵王④，皆贵用事。卫律者，父本长水胡人⑤。律生长汉，善协律都尉李延年，延年荐言律使匈奴。使还，会延年家收⑥，律惧并诛，亡还降匈奴。匈奴爱之，常在单于左右。陵居外，有大事，乃入议。

---

①李陵，陇西人。言陇西士大夫耻其不能死节，累及家室。②大阏氏：单于母。　③壮其杀李绪。　④丁灵：在今新疆

境。匈奴以丁灵王封卫律。　⑤长水：在陕西蓝田县北，流经长安东南。　⑥延年为李夫人兄，弟季奸乱后宫，遂被诛。

昭帝立，大将军霍光、左将军上官桀辅政，素与陵善，遣陵故人陇西任立政等三人俱至匈奴招陵。立政等至，单于置酒赐汉使者，李陵、卫律皆侍坐。立政等见陵，未得私语，即目视①陵，而数数自循其刀环②，握其足，阴谕之，言可还归汉也。后陵、律持牛酒劳汉使，博饮，两人皆胡服椎结③。立政大言曰："汉已大赦，中国安乐，主上富于春秋④，霍子孟、上官少叔用事⑤。"以此言微动之。陵墨⑥不应，孰视而自循其发，答曰："吾已胡服矣。"有顷，律起更衣⑦，立政曰："咄！少卿良苦⑧！霍子孟、上官少叔谢女⑨。"陵曰："霍与上官无恙乎？"立政曰："请少卿来归故乡，毋忧富贵。"陵字立政曰："少公，归易耳，恐再辱，奈何！"语未卒，卫律还，颇闻余语，曰："李少卿贤者，不独居一国。范蠡遍游天下，由余去戎入秦，今何语之亲也！"因罢去。立政随谓陵曰："亦有意乎？"陵曰："丈夫不能再辱！"

---

①目视：以目相视而感动之，即今俗所谓眼语。　②循：谓摩循。环：还。　③结：同"髻"。椎髻，言撮发为髻如椎形。　④此句言天子年正少。　⑤子孟：光字。少叔：桀字。　⑥墨：读如嘿。　⑦更衣：如厕。　⑧良苦：言甚

劳苦。　⑨谢：以辞相问。女：同“汝”。

陵在匈奴二十余年。元平元年[1]，病死。

---

①元平：昭帝年号。元平元年为公元前74年。

武[1]字子卿，少以父任，兄弟并为郎[2]，稍迁至栘中厩监[3]。时汉连伐胡，数通使相窥观，匈奴留汉使郭吉、路充国等，前后十余辈。匈奴使来，汉亦留之以相当[4]。天汉元年，且鞮侯单于初立[5]，恐汉袭之，乃曰：“汉天子，我丈人行也[6]。”尽归汉使路充国等。武帝嘉其义，乃遣武以中郎将使持节送匈奴使留在汉者，因厚赂单于，答其善意。武与副中郎将张胜及假吏常惠等募士斥候百余人俱[7]。

---

①苏武附于父苏建传后，故不著姓。　②父任：汉制，凡二千石以上官员，得任其子为郎。苏建以军功封平陵侯，苏武兄弟以父荫被任用为郎。　③栘中：厩名。　④当：直。⑤且鞮侯单于：匈奴乌维单于弟，初为左大都尉，是时初嗣立为单于。　⑥丈人：对父辈的尊称。且鞮侯单于以汉天子比丈人，尊之也。　⑦假吏：临时充任的小吏。募士：募人以充士卒，及在道为斥候者同行。斥候：侦察兵。

既至匈奴，置币遗单于，单于益骄，非汉所望也[1]。方欲发使送武等，会缑王与长水虞常等谋反匈奴中。缑王者，昆邪王姊子也，与昆邪王俱降汉；后随浞野侯②没胡中。及卫律③所将降者，阴相与谋劫单于母阏氏④归汉。会武等至匈奴，虞常在汉时素与副张胜相知，私候胜曰："闻汉天子甚怨卫律，常能为汉伏弩射杀之。吾母与弟在汉，幸蒙其赏赐。"张胜许之，以货物与常。后月余，单于出猎，独阏氏子弟在。虞常等七十余人欲发，其一人夜亡，告之。单于子弟发兵与战，缑王等皆死，虞常生得。单于使卫律治其事。张胜闻之，恐前语发，以状语武。武曰："事如此，此必及我。见犯乃死，重负国。"欲自杀。胜、惠共止之。

---

①汉望其同心向善，今乃益骄，故曰非汉所望。　②浞野侯：赵破奴。　③卫律：长水胡人。　④阏氏：匈奴王后的称号。

虞常果引张胜。单于怒，召诸贵人议，欲杀汉使者。左伊秩訾①曰："即谋单于，何以复加②？宜皆降之。"单于使卫律召武受辞③。武谓惠等："屈节辱命，虽生，何面目以归汉！"引佩刀自刺。卫律惊，自抱持武，驰召毉。凿地为坎，置煴火④，覆武其上⑤，蹈⑥其背以出血。武气绝，半日复息⑦。惠等哭，舆归营。单于壮其节，朝夕遣人候问武，而收系张胜。

①左伊秩訾：匈奴官名。　②此句言但谋卫律即杀之，其罚太重。　③受辞：受审问。　④煴火：无焰的微火。　⑤覆武身于坎上。　⑥蹈：读如掐，叩也。　⑦息：谓出气。

武益愈，单于使使晓武[1]。会论虞常[2]，欲因此时降武。剑斩虞常已，律曰："汉使张胜谋杀单于近臣，当死，单于募降者赦罪。"举剑欲击之，胜请降。律谓武曰："副有罪，当相坐。"武曰："本无谋，又非亲属，何谓相坐？"复举剑拟之，武不动。律曰："苏君！律前负汉归匈奴，幸蒙大恩，赐号称王，拥众数万，马畜弥山[3]，富贵如此。苏君今日降，明日复然。空以身膏草野，谁复知之？"武不应。律曰："君因我降，与君为兄弟；今不听吾计，后虽欲复见我，尚可得乎？"武骂律曰："女为人臣子，不顾恩义，畔主背亲，为降虏于蛮夷，何以女为见？且单于信女，使决人死生，不平心持正，反欲斗两主，观祸败！南越杀汉使者，屠为九郡；宛王杀汉使者，头县北阙；朝鲜杀汉使者，即时诛灭；独匈奴未耳。若知我不降明，欲令两国相攻，匈奴之祸从我始矣！"

律知武终不可胁，白单于。单于愈益欲降之。乃幽武置大窖中，绝不饮食。天雨雪，武卧啮雪与旃毛并咽之，数日不死。匈奴以为神，乃徙武北海上无人处，使牧羝[4]，羝乳乃得归。别其官属常惠等，各置他所。

---

①晓：晓谕告诫。　②此句言会合论断虞常之罪。③弥：满。　④羝：牡羊。

武既至海上，廪食①不至，掘野鼠去草实而食之②。杖汉节牧羊，卧起操持，节旄尽落。积五六年，单于弟於靬③王弋射海上。武能网纺缴④，檠⑤弓弩；於靬王爱之，给其衣食。三岁余，王病，赐武马畜、服匿⑥、穹庐。王死后，人众徙去。其冬，丁令盗武牛羊⑦，武复穷厄。

---

①廪食：公家供给的粮食。　②去：同“弆”，储藏。③靬（jiān）：国名用字。　④缴：系在箭上的生丝缕。⑤檠：矫正。　⑥服匿：盛酒器。　⑦丁令：即丁灵，见前。卫律为丁灵王，故使人盗之，以困苏武。

初，武与李陵俱为侍中，武使匈奴明年，陵降，不敢求武。久之，单于使陵至海上，为武置酒设乐，因谓武曰：“单于闻陵与子卿素厚，故使陵来说足下，虚心欲相待。终不得归汉，空自苦亡人之地，信义安所见乎？前长君为奉车①，从至雍棫阳宫，扶辇下除②，触柱折辕，劾大不敬，伏剑自刎，赐钱二百万以葬。孺卿③从祠河东后土，宦骑与黄门驸马争船④，推堕驸马河中溺死，宦骑亡，诏使孺卿逐捕不得，惶恐饮药而死。来时，大夫人已不幸⑤，陵送葬至阳陵⑥。子卿妇年少，闻已更嫁矣。独有女弟二人，两女一男；今复十余年，存亡不可知。人生如朝露⑦，何久自苦如此？陵始降时，忽忽如狂，自痛负汉，加以老母系保宫⑧，子卿不欲降，何以过陵？且陛下春秋高，法令亡常，大臣亡罪夷灭者数十家，安危不可知，子卿尚复谁为乎？愿听陵计，勿复有云！”武曰：“武父子亡功德，皆为陛下所成就，位列将，爵通侯，兄弟亲近，常愿肝脑涂地。今得杀身自效，虽蒙斧钺汤镬，诚甘乐之！臣事君，犹子事父也。子为父死亡所恨。愿勿复再言！”陵与武饮数日，复曰：“子卿壹听陵言。”武曰：“自分⑨已死久矣！王必欲降武，请毕今日之欢，效⑩死于前！”陵见其至诚，喟然叹曰：“嗟乎，义士！陵与卫律之罪上通于天！”因泣下沾衿，与武决⑪去。陵恶自赐武，使其妻赐武牛羊数十头。

---

①长君：谓苏武兄苏嘉。　②除：谓门屏之间。主扶辇下除道。　③孺卿：苏武弟苏贤字。　④宦骑：宦者而为骑。黄门驸马：天子驸马之在黄门者。　⑤不幸：谓死。　⑥阳陵：汉县，在今陕西咸阳市东，景帝陵阳陵在此，故以为县。⑦人生如朝露：谓朝露见日则晞，人命短促亦如之。　⑧保宫：狱名，少府属官有居室，名保宫。　⑨自分：自度。⑩效：致。　⑪决：分别。

后陵复至北海上，语武：“区脱捕得云中生口①，言太守以下吏民皆白服，曰上崩。”武闻之，南乡号哭，欧血，旦夕临。

数月，昭帝即位。数年，匈奴与汉和亲。汉求武等，匈奴诡言武死。后汉使复至匈奴，常惠请其守者与俱，得夜见汉使，具自陈道。教使者谓单于，言天子射上林中，得雁，足有系帛书，言武等在某泽中。使者大喜，如惠语以让②单于。单于视左右而惊，谢汉使曰：“武等实在。”

---

①区脱：边境上两方不管的地方。云中：汉郡地，在今内蒙古自治区南部。生口：俘虏。　　②让：责备。

于是李陵置酒贺武曰：“今足下还归，扬名于匈奴，功显于汉室，虽古竹帛所载，丹青所画，何以过子卿！陵虽驽怯，令汉且贳①陵罪，全其老母，使得奋大辱之积志，庶几乎曹柯之盟②，此陵宿昔之所不忘也。收族陵家，为世大戮，陵尚复何顾乎？已矣！令子卿知吾心耳。异域之人，壹别长绝！”陵起舞，歌曰：“径万里兮度沙幕，为君将兮奋匈奴。路穷绝兮矢刃摧，士众灭兮名已隤③。老母已死，虽欲报恩将安归！”陵泣下数行，因与武决。

---

①贳（shì）：宽赦。　　②曹柯之盟：曹是曹沫，春秋时鲁将，曹沫与齐战，三战三败，割地求和。鲁庄公十三年，曹沫随庄公与齐桓公相会于柯，在举行盟誓之际，曹沫持剑登坛，劫持

齐桓公归还鲁国的失地。 ③隤（tuí）：同“颓”。

单于召会[1]武官属，前以降及物故[2]，凡随武还者九人。武以始元六年春至京师。诏武奉一太牢谒武帝园庙；拜为典属国[3]，秩中二千石；赐钱二百万，公田二顷，宅一区。常惠、徐圣、赵终根皆拜为中郎，赐帛各二百匹。其余六人，老归家，赐钱人十万，复终身。常惠后至右将军，封列侯，自有传。武留匈奴凡十九岁，始以强壮出，及还，须发尽白。

---

①会：谓集聚。 ②物故：死去。 ③典属国：掌归义蛮夷。

武来归明年，上官桀、子安与桑弘羊及燕王、盖主谋反[1]。武子男元与安有谋，坐死。初，桀、安与大将军霍光争权，数疏[2]光过失予燕王，令上书告之。又言苏武使匈奴二十年不降，还乃[3]为典属国，大将军长史无功劳，为搜粟都尉[4]；光专权自恣。及燕王等反诛，穷治党与，武素与桀、弘羊有旧，数为燕王所讼，子又在谋中，廷尉奏请逮捕武。霍光寝其奏，免武官。

---

①见后《霍光传》。 ②疏：条陈。 ③乃：仅。 ④指杨敞。

数年，昭帝崩，武以故二千石与①计谋立宣帝，赐爵关内侯，食邑三百户。久之，卫将军张安世荐武明习故事，奉使不辱命，先帝以为遗言。宣帝即时召武待诏宦者署②，数进见，复为右曹典属国。以武著节老臣，令朝朔望，号称祭酒③，甚优宠之。武所得赏赐，尽以施予昆弟故人，家不余财。皇后父平恩侯④、帝舅平昌侯⑤、乐昌侯⑥、车骑将军韩增、丞相魏相、御史大夫丙吉皆敬重武。

---

①与：读如预。　②少府属官，有宦者令丞，以其署亲近，故令于此待诏。　③祭酒：古时宴会，由长者举酒以祭，故凡同列中以齿德相推者，曰祭酒。　④平恩侯：指许伯。⑤平昌侯：指王无故。　⑥乐昌侯：指王武。

武年老，子前坐事死，上闵之，问左右："武在匈奴久，岂有子乎？"武因平恩侯自白："前发匈奴时，胡妇适产一子通国，有声问来，愿因使者致金帛赎之。"上许焉。后通国随使者至，上以为郎。又以武弟子为右曹。武年八十余，神爵二年病卒。

甘露三年，单于始入朝。上思股肱之美，乃图画其人于麒麟阁①，法②其形貌，署③其官爵姓名，唯霍光不名，曰大司马大将军博陆侯姓霍氏，次曰卫将军富平侯张安世，次曰车骑将军龙额侯韩增，次曰后将军营平侯赵充国，次曰丞相高平侯魏相，次曰丞相博阳侯丙吉，次曰御史大夫建平侯杜延年，次曰宗正阳城侯刘德，次曰少府梁丘贺，次曰太子太傅萧望之，次曰典属国苏武。皆有功德，知名当世，是以表而扬之，明著中兴辅佐，列于方叔、召虎、仲山甫焉④。凡十一人，皆有传⑤。自丞相黄霸、廷尉于定国、大司农朱邑、京兆尹张敞、右扶风尹翁归及儒者夏侯胜等⑥，皆以善终，著名宣帝之世，然不得列于名臣之图，以此知其选矣。

---

①麒麟阁：在未央宫西北。图画功臣自此始。　②法：象也。　③署：表题。　④三人皆周宣王臣，佐宣王中兴者也。言宣帝亦重兴汉室，而霍光等并为名臣，皆比于方叔之属。⑤张安世、韩增、丙吉、杜延年、刘德、梁丘贺等传，皆未还。⑥黄霸：阳夏人，字次公，学律令，汉吏尚严酷，黄霸独用宽和，以此得名。于定国：东海郯人，字曼倩，为人谦恭，重经术。朱邑：舒人，为政廉平不苛。张敞：平阳人，字子高。尹翁归：平阳人，字子况，为人清洁自守，卒时家无余财。夏侯胜：鲁人，字长公，曾受诏撰《尚书》《论语说》。

司马相如传

司马相如，字长卿，蜀郡①成都人也。少时好读书，学击剑②，名犬子③。相如既学，慕蔺相如之为人也，更名相如④。以訾为郎⑤，事孝景帝，为武骑常侍⑥，非其好也。会景帝不好辞赋，是时梁孝王来朝，从游说之士齐人邹阳、淮阴枚乘、吴严忌夫子之徒⑦，相如见而说之，因病免，客游梁⑧，得与诸侯游士居，数岁，乃著《子虚之赋》。会梁孝王薨，相如归，而家贫无以自业。素与临邛令⑨王吉相善，吉曰："长卿久宦游，不遂⑩而困，来过我。"于是相如往舍都亭⑪。临邛令缪⑫为恭敬，日往朝相如。相如初尚见之，后称病，使从者谢吉，吉愈益谨肃。

临邛多富人，卓王孙童客八百人，程郑亦数百人，乃相谓曰："令有贵客，为具召之⑬。并召令。"令既至，卓氏客以百数，至日中请司马长卿，长卿谢病不能临。临邛令不敢尝食，身自迎相如，相如为不得已而强往，一坐尽倾⑭。酒酣，临邛令前奏⑮琴，曰："窃闻长卿好之，愿以自娱。"相如辞谢，为鼓一再行⑯。是时，卓王孙有女文君新寡，好音，故相如缪与令相重，而以琴心挑之⑰。相如时从车骑，雍容闲雅，甚都⑱。及饮卓氏弄琴，文君窃从户窥，心说而好之，恐不得当也[19]。既罢，相如乃令侍人重赐文君侍者通殷勤。文君夜亡奔相如，相如与驰归成都。家徒四壁立[20]。

---

①蜀郡：秦置，在今四川境。　②学击剑：谓学击剑之法。　③名犬子：犬子当为司马相如之初名，后代多以为是相如之小字，非也。（从陈直说）　④蔺相如：六国时赵人，义而有勇，故追慕之。　⑤訾：同“赀”。訾郎：犹今择有身家之人。　⑥武骑常侍：亦由郎被选者。　⑦严忌：本姓庄，史家避汉明帝讳，改“庄”为“严”。　⑧梁：见《高帝纪》。⑨临邛：秦县。即今四川邛崃县。　⑩遂：达。　⑪舍都亭：临邛郭下之亭。　⑫缪：诈。　⑬具：谓酒食之具。召：请。⑭一坐尽倾：谓皆倾慕其风采。　⑮奏：进。　⑯行：谓曲引；鼓一再行：谓一两曲。　⑰此句言寄心于琴声，以挑动之。　⑱甚都：甚美。　⑲当：谓对偶。　⑳徒：空也。言但有四壁，更无资产。

卓王孙大怒曰：“女不材，我不忍杀，一钱不分也！”人或谓王孙，王孙终不听。文君久之不乐，谓长卿曰：“弟俱如临邛，从昆弟假贷，犹足以为生，何至自苦如此！”相如与俱之临邛，尽卖车骑，买酒舍，乃令文君当卢①。相如身自着犊鼻裈②，与庸保③杂作，涤④器于市中。卓王孙耻之，为杜⑤门不出。昆弟诸公更谓王孙曰⑥：“有一男两女，所不足者非财也。今文君既失身于司马长卿，长卿故倦游⑦，虽贫，其人材足依也。且又令客，奈何相辱如此！”卓王孙不得已，分与文君僮百人，钱百万，及其嫁时衣被财物。文君乃与相如归成都，买田宅，为富人。

---

①当卢：卖酒。 ②裈：裤。犊鼻裈：形如犊鼻之短裤，无裆，仅蔽膝以上。 ③庸保：受雇充任杂役的人。 ④涤：洗。器：食器。涤器：犹今洗盘子。 ⑤杜：塞。 ⑥诸公：父行。更：互也。 ⑦倦游：谓曾当官，因辞职而归。

居久之，蜀人杨得意为狗监①，侍上。上读《子虚赋》而善之，曰：“朕独不得与此人同时哉！”得意曰：“臣邑人司马相如自言为此赋。”上惊，乃召问相如。相如曰：“有是。然此乃诸侯之事，未足观，请为天子游猎之赋。”上令尚书给笔札，相如以“子虚”，虚言也，为楚称②；“乌有先生”者，乌有此事也，为齐难③；“亡是公”者，亡是人也，欲明天子之义。故虚藉④此三人为辞，以推天子诸侯之苑囿。其卒章归之于节俭，因以风谏……赋奏，天子以为郎。亡是公言上林广大，山谷水泉万物，及子虚言云梦所有甚众，侈靡多过其实，且非义理所止，故删⑤取其要，归正道而论之⑥。

---

①狗监：主天子田犬。 ②为楚称：称说楚之美。 ③为

齐难：难诘齐事。　④藉：假。　⑤删：定。　⑥此句谓不取其夸奢靡丽之论，唯取终篇，归于正道。

相如为郎数岁，会唐蒙使略通夜郎、僰中①，发巴、蜀②吏卒千人，郡又多为发转漕万余人，用军兴法诛其渠率③。巴、蜀民大惊恐。上闻之，乃遣相如责唐蒙等，因谕告巴、蜀民以非上意。檄曰："告巴、蜀太守：蛮夷自擅④，不讨之日久矣，时侵犯边境，劳士大夫。陛下即位，存抚天下，集安中国，然后兴师出兵，北征匈奴，单于怖骇，交臂受事，屈膝请和。康居西域⑤，重译纳贡，稽首来享⑥。移师东指，闽越相诛⑦；右吊番禺，太子入朝⑧。南夷之君，西僰之长，常效贡职，不敢惰怠，延颈举踵，喁喁然⑨皆乡风慕义，欲为臣妾；道里辽远，山川阻深，不能自致。夫不顺者已诛，而为善者未赏，故遣中郎将往宾之⑩；发巴、蜀之士各五百人以奉币，卫使者不然⑪，靡有兵革之事，战斗之患。今闻其乃发军兴制⑫，惊惧子弟，忧患长老，郡又擅为转粟运输，皆非陛下之意也。当行者或亡逃自贼杀⑬，亦非人臣之节也。夫边郡之士，闻烽举燧燔⑭，皆摄弓⑮而驰，荷兵而走，流汗相属⑯，惟恐居后，触白刃，冒流矢，议不反顾，计不旋踵，人怀怒心，如报私仇。彼岂乐死恶生，非编列之民⑰，而与巴、蜀异主哉？计深虑远，急国家之难，而乐尽人臣之道也。故有剖符之封⑱，析圭而爵⑲，位为通侯，居列东第[20]。终则遗显号于后世，传土地于子孙，事行[21]甚忠敬，居位甚安佚，名声施于无穷，功烈著而不灭。是以贤人君子，肝脑涂中原，膏液润野草而不辞也。今奉币（使）[役][22]至南夷，即自贼杀，或亡逃抵诛[23]，身死无名[24]，谥为至愚[25]，耻及父母，为天下笑。人之度量相越，岂不远哉！然此非独行者之罪也，父兄之教不先[26]，子弟之率不谨，寡廉鲜耻，而俗不长厚也。其被刑戮，不亦宜乎！陛下患使者有司之若彼，悼不肖愚民之如此，故遣信使[27]，晓谕[28]百姓以发卒之事，因数[29]之以不忠死亡之罪，让三老孝弟以不教诲之过[30]。方今田时，重[31]烦百姓，已亲见近县[32]，恐远所溪谷山泽之民不遍闻，檄到，亟下县道[33]，咸谕陛下意，毋忽！”

---

①夜郎：古夜郎国地，汉置县，在今贵州桐梓县东。僰：古西夷。　②巴蜀：见《高帝纪》。　③渠：大。　④擅：专。　⑤康居：古西域国名。西域：敦煌以西诸国地。敦煌，汉郡，在今甘肃。　⑥享：献也，献其国珍。　⑦建元六年，闽越王郢攻南越，遣王恢、韩安国击之，越人杀郢降。⑧南越为东越所伐，汉发兵救之，南越蒙天子德惠，故遣太子入朝。吊：恤也。　⑨喁喁：众人向慕之意，谓如群鱼之向上。⑩宾：导。　⑪不然：猝变。　⑫发军：谓发三军之众。兴制：谓用军法起众之制。　⑬贼：犹害。　⑭烽、燧：边防报警用的烟火。　⑮摄弓：谓张弓注矢作射击准备。　⑯属：逮。　⑰编列：编户。　⑱符：符节。剖即分半以与之。高

祖得天下，剖符封功臣，并作誓，以为坚信。　⑲析：分颁之义。《周礼》，王公侯伯所执之圭，各自不同，析圭而爵，言分圭而爵之也。　⑳东第：甲宅也，居帝城之东者。　㉑事行：行事也。　㉒奉币役：奉币之役。　㉓抵：当也。谓逃亡者当诛。　㉔无名：指无善名。　㉕谥：称（做）。　㉖不先：谓往昔不素教之。　㉗遣信使：指遣诚信之人为使。　㉘谕：告。　㉙数：责。　㉚让：责也。三老孝弟：乡官。　㉛重：难也，不欲召聚之。　㉜此句谓近县之人，已目见而口喻之矣，故为檄文，驰以示远所。　㉝亟：急。县有蛮夷曰道。

相如还报①。唐蒙已略通夜郎，因通西南夷道②，发巴、蜀、广汉③卒，作者数万人。治道二岁，道不成，士卒多物故，费以亿万计。蜀民及汉用事者多言其不便。是时邛、莋④之君长闻南夷与汉通，得赏赐多，多欲愿为内臣妾，请吏，比南夷⑤。上问相如，相如曰："邛、莋、冉、駹者⑥，近蜀，道易通，异时⑦尝通为郡县矣，至汉兴而罢。今诚复通，为置县，愈于南夷⑧。"上以为然，乃拜相如为中郎将，建节往使。副使者王然于、壶充国、吕越人，驰四乘之传⑨，因巴蜀吏币物以赂西南夷。至蜀，太守以下郊迎⑩，县令负弩矢先驱⑪，蜀人以为宠。于是卓王孙、临邛诸公，皆因门下献牛酒以交欢。卓王孙喟然而叹，自以得使女尚⑫司马长卿，乃厚分与其女财，与男等。相如使略定西南夷，邛、莋、冉、駹、斯榆⑬之君皆请为臣妾，除边关，边关益斥[14]，西至沫、若水[15]，南至牂柯为徼[16]，通灵山道[17]，桥孙水[18]，以通邛、莋。还报，天子大说。

相如使时，蜀长老多言通西南夷之不为用，大臣亦以为然。相如欲谏，业已建之，不敢[19]，乃著书，藉蜀父老为辞，而己诘难之，以风天子；且因宣其使指，令百姓皆知天子意。其辞曰：

“汉兴七十有八载[20]，德茂存乎六世[21]，威武纷云[22]，湛恩汪濊[23]，群生沾濡，洋溢乎方外。于是乃命使西征，随流而攘[24]，风之所被，罔不披靡。因朝冉从駹，定莋存邛，略斯榆，举苞蒲[25]，结轨还辕[26]，东乡将报[27]。至于蜀都。耆老大夫缙绅先生之徒二十有七人，俨然造焉[28]。辞毕[29]，进曰：‘盖闻天子之于夷狄也，其义羁縻勿绝而已[30]。今罢[31]三郡之士，通夜郎之途，三年于兹，而功不竟，士卒劳倦，万民不赡；今又接之以西夷，百姓力屈[32]，恐不能卒业[33]，此亦使者之累也，窃为左右患之！且夫邛、莋、西僰之与中国并也，历年兹多，不可记已。仁者不以德来，强者不以力并，意者殆不可乎！今割齐民以附夷狄，弊所恃以事无用，鄙人固陋，不识所谓。’

---

①还报：使讫还报天子。 ②西南夷：今川南、滇、黔诸省及越、缅诸国皆其地。 ③广汉：秦郡，在今四川境。 ④邛、莋：古西南夷二国名。 ⑤比南夷：请置汉吏，与南夷为比例。 ⑥冉、駹：汉时西夷二族，即今四川茂县地。

⑦异时：谓往时。　⑧愈：胜也。南夷：谓犍为、牂柯。犍为，汉郡，在四川宜宾市西南；牂柯：汉郡，在贵州境。西夷谓越嶲、益州。越嶲：汉郡，治今四川西昌市东南；益州：汉郡，治今四川成都。　⑨传：车。四乘传：指急传。　⑩郊迎：迎于郊界之上。　⑪先驱：前行开路。　⑫尚：配。　⑬斯榆：古国名，在四川境。　⑭斥：开广。　⑮沫、若水：沫指沫水，又名大渡河，其流在四川境。若水：即今雅砻江，其与金沙江合流后的一段，古时亦称若水。　⑯徼：塞也，以木栅水为蛮夷界。　⑰灵山：在四川西北。凿灵山为道。　⑱孙水：即今之雅砻江支流安宁河。桥：于孙水上架桥。　⑲本由相如立此事，故不敢更谏。　⑳时在汉武帝元光六年。　㉑六世：指高帝、惠帝、吕后、文帝、景帝、武帝六世。　㉒纷云：盛貌。　㉓汪濊：深广。　㉔攘：却退。　㉕苞浦：西南少数民族，地无可考。　㉖结：旋。轨：车迹。　㉗乡：同“向”。报：报天子。　㉘造：至。　㉙辞：谓初谒见之辞。　㉚羁：马络头。縻：牛鼻绳。言但牵制之，如牛马之加绳络。　㉛罢：读如疲。　㉜屈：尽。　㉝卒：终。业：事。

“使者曰：‘乌谓此乎？必若所云，则是蜀不变服而巴不化俗也，仆尚恶闻若说①。然斯事体大，固非观者之所觏也。余之行急，其详不可得闻已②。请为大夫粗陈其略。盖世必有非常之人，然后有非常之事；有非常之事，然后有非常之功。非常者，固常人之所异也。故曰非常之元，黎民惧焉[3]；及臻厥成[4]，天下晏如也[5]。昔者洪水沸出，泛滥衍溢[6]，民人升降移徙，崎岖而不安。夏后氏戚之，乃堙洪原[7]，决江疏河[8]，洒沈澹灾[9]，东归之于海，而天下永宁。当斯之勤，岂惟民哉[10]？心烦于虑，而身亲其劳，躬胝胼胝无胈[11]，肤不生毛[12]，故休烈显乎无穷[13]，声称浃乎于兹[14]。且夫贤君之践位也，岂特委琐握龊[15]，拘文牵俗[16]，循诵习传，当世取说云尔哉[17]！必将崇论谹议[18]，创业垂统，为万世规。故驰骛乎兼容并包，而勤思乎参天贰地[19]。且《诗》不云乎："普天之下，莫非王土；率土之滨，莫非王臣[20]。"是以六合之内[21]，八方之外[22]，浸淫衍溢[23]，怀生之物有不浸润于泽者，贤君耻之。今封疆之内，冠带之伦[24]，咸获嘉祉，靡有阙遗矣。而夷狄殊俗之国，辽绝异党之域，舟车不通，人迹罕至，政教未加，流风犹微，内之则犯义侵礼于边境[25]，外之则邪行横作，放杀其上[26]，君臣易位，尊卑失序，父兄不辜，幼孤为奴虏，系累号泣[27]。内乡而怨[28]，曰："盖闻中国有至仁焉，德洋[29]恩普，物靡不得其所，今独曷为遗己[30]！"举踵思慕，若枯旱之望雨，盭夫[31]为之垂涕，况乎上圣，又乌能已[32]？故北出师以讨强胡，南驰使以诮[33]劲越。四面风[34]德，二方[35]之君，鳞集仰流[36]，愿得受号[37]者以亿计。故乃关沫、若[38]，徼牂柯，镂灵山[39]，梁孙原[40]，创道德之途，垂仁义之统。将博恩广施，远抚长驾[41]，使疏逖不闭[42]，曶爽暗昧[43]，得耀乎光明，以偃甲兵于此，而息讨伐于彼。遐迩一体，中外禔福[44]，不亦康乎[45]！夫拯民于沉溺，奉至尊之休德，反衰世之陵夷[46]，继周氏之绝业，天子之急务也。百姓虽劳，又恶可以已哉？且夫王者固未有不始于忧勤，而终于佚乐者也[47]。然则受命之符合在于此[48]。方将增太山之封，加梁父之事，鸣和鸾，扬乐颂，上咸五[49]，下登三[50]。观者未睹指，听者未闻音，犹焦朋已翔乎寥廓[51]，而罗者犹视乎薮泽，悲夫！'

---

①若：尔。恶闻尔辈之言。　②此句言行程急速，不暇为汝详言。　③元：始。谓非常之事，其始难知，故众人惧之。　④臻：至。厥：其。　⑤晏：安。　⑥泛滥衍溢：大水貌。　⑦堙：塞也。水本曰原。　⑧疏：通。　⑨洒：分。沈：深。澹：安。言分散其水，以安定其灾。　⑩此句谓非独人民勤，禹亦亲其劳。　⑪躬：体。胾（qī）：腠，皮肤之理。胼胝：谓体之瘢胝，重叠相并。胈：股上小毛。　⑫肤：皮。⑬休：美。烈：业。　⑭浃：彻。于兹：犹言于今。　⑮委琐：细碎。握龊：局促。　⑯拘文牵俗：谓不拘细微之文，不牵流俗之议。　⑰说：同“悦”。言非直因循自诵习所传闻，取悦于当时而已。　⑱浤（hóng）：深。　⑲比德于地，是二地也。地与己并天为三，是参天也。　⑳《诗·小雅·北山》之辞。普：大。滨：涯。　㉑天地四方，谓之六合。㉒四方四维，谓之八方。　㉓浸淫：犹渐渍。衍溢：言有余。㉔伦：类。　㉕此句言其于中国则犯边。　㉖此句言在其国则放弑。　㉗此句言为人所获而累系之，故号泣。　㉘乡：

同“向”，内乡而怨：怨恨中国。 ㉙洋：多。 ㉚曷：何。已：怨者之身。 ㉛盭（lì）：古“戾”字；盭夫：暴戾之人。 ㉜乌：犹焉也。已：止。 ㉝诮：责。 ㉞风：化。 ㉟二方：谓西夷及南夷。 ㊱鳞集仰流：谓如鱼聚而向流。 ㊲号：爵号。 ㊳关沫、若：以沫、若水为关。 ㊴镂：谓疏通之以开道。 ㊵梁：桥。孙原：孙水之原。 ㊶驾：驭。远抚长驾：谓所驭者远。 ㊷逖：远。疏逖不闭：言疏远者不被闭绝。 ㊸曶（hū）爽：天未明之时。 ㊹禔：安。 ㊺康：乐。 ㊻陵夷：谓衰败。 ㊼佚：同“逸”。此句言王者始能忧勤，以终获逸乐。 ㊽此句谓天子所以通西南夷者，故忧民勤远之事。 ㊾咸：同也。五：指五帝。 ㊿登：加。三：指三王。上咸五，下登三：谓汉德上同五帝，下加三王。 (51)焦朋：即鹪鹏，凤鸟。寥廓：天上宽广之处。

“于是诸大夫芒然丧其所怀来①，失厥所以进，喟然并称曰：‘允②哉汉德！此鄙人之所愿闻也。百姓虽劳，请以身先之。’敞罔靡徙③，迁延而辞避。”

其后人有上书，言相如使时受金，失官。居岁余，复召为郎。

---

①初有所怀而来，欲进而陈之，今并丧失其来意也。 ②允：信。 ③敞罔：即怅惘之借辞，失志貌。靡徙：自抑退。

相如口吃而善著书。常有消渴病①。与卓氏婚，饶于财。故其（事）[仕]宦，未尝肯与公卿国家之事，常称疾闲居，不慕官爵。尝从上至长杨猎②。是时天子方好自击熊豕，驰逐野兽，相如因上疏谏。其辞曰："臣闻物有同类而殊能者，故力称乌获③，捷言庆忌④，勇期贲、育⑤。臣之愚，窃以为人诚有之，兽亦宜然。今陛下好陵阻险，射猛兽，卒然遇逸材之兽，骇不存之地⑥，犯属车之清尘⑦，舆不及还辕，人不暇施巧，虽有乌获、逢蒙⑧之技不能用，枯木朽株尽为难矣。是胡越起于毂下，而羌夷接轸也⑨，岂不殆哉！虽万全而无患，然本非天子之所宜近也。且夫清道而后行，中路而驰，犹时有衔橜之变⑩，况乎涉丰草⑪，骋丘虚⑫，前有利兽之乐，而内无存变之意，其为害也不[亦]难矣！夫轻万乘之重不以为安，乐出万有一危之途以为娱，臣窃为陛下不取！盖明者远见于未萌，而知者避危于无形，祸固多藏于隐微，而发于人之所忽者也。故鄙谚曰：'家累千金，坐不垂堂⑬。'此言虽小，可以谕大。臣愿陛下留意幸察！"上善之。还过宜春宫⑭，相如奏赋，以哀二世行失⑮……相如拜为孝文园令⑯。

---

①消渴病：糖尿病。　②长杨：秦旧宫，在陕西周至县东南。　③乌获：秦武王大力士。　④庆忌：吴王僚子，善射。　⑤贲：孟贲，古之勇士，水行不避蛟龙，陆行不避豺狼，发怒吐气，声响动天。育：夏育，亦猛士。　⑥存：察。

不存之地：谓不及察之地。 ⑦属：连续不绝。尘：谓行而起尘。言清者，尊贵之意。 ⑧逢蒙：古之善射者。 ⑨轸：车后横木。 ⑩衔：马勒衔。橜：騑马口长衔。 ⑪丰草：茂草。 ⑫虚：同“墟”。 ⑬垂：边。坐近堂边：恐檐瓦坠击人首。 ⑭宜春宫：在万年县西南。万年县故城在今陕西临潼东北。 ⑮宜春本秦之离宫，胡亥于此为阎乐所杀，故感其处而哀之。 ⑯陵园令：六百石，掌按行扫除。

上既美《子虚》之事，相如见上好仙，因曰：“上林之事未足美也，尚有靡者[①]。臣尝为《大人赋》，未就，请具而奏之。”相如以为列仙之儒居山泽间[②]，形容甚臞[③]，此非帝王之仙意也，乃遂奏《大人赋》……相如既奏《大人赋》，天子大说，飘飘有凌云气游天地之间意。

---

①靡：丽也。 ②皆言列仙居山泽间。颜师古曰：“儒，柔也，术士之称也，凡有道术皆为儒。今流俗书本作传字，非也，后人所改耳。” ③臞：同“癯”。瘦。

相如既病免，家居茂陵[①]。天子曰：“司马相如病甚，可往从悉取其书；若后之矣[②]。”使所忠往，而相如已死，家无遗书。问其妻，对曰：“长卿未尝有书也。时时著书，人又取去。长卿未死时，为一卷书，曰：‘有使来求书，奏之。’”其遗札书言封禅事。所忠奏焉，天子异之……

---

①茂陵：汉县，在今陕西兴平市。　②此句谓你今去已落在他人后。

相如既卒五岁，上始祭后土。八年而遂礼中岳①，封于太山②，至梁甫，禅肃然③。相如它所著，若《遗平陵侯④书》《与五公子相难》《草木书》篇，不采，采其尤著公卿者云。

---

①中岳：五岳之一，即嵩山。　②太山：即泰山。　③梁甫：山名，在山东泰安市南。肃然：山名，在山东莱芜市西。④平陵侯：即苏建。

赞曰：司马迁称："《春秋》推见至隐①，《易》本隐以之显②，《大雅》言王公大人，而德逮黎庶③，《小雅》讥小己之得失，其流及上④。所言虽殊，其合德一也。相如虽多虚辞滥说，然要其归，引之于节俭，此亦《诗》之风谏何异？"扬雄以为靡丽之赋，劝百而风一，犹骋郑、卫之声，曲终而奏雅，不已戏乎⑤！

---

①此句言由人事之见著者，推而至于天道之隐微。　②《易》作八卦以通神明之德，是本隐也，有天道焉，有地道焉，有人道焉，以万物之情，是之显也。　③先言王公大人之德，乃后及

黎民百姓。　　④讥：怨也，诽也。《小雅》之诗称“怨诽”，其作虽极哀，每以己身之得失为小不足道，而忧国及家之大。⑤此赞全用《史记》赞语，然扬雄以下实班固引扬雄之言，后人妄以益《史记》者，司马迁生扬雄前甚远，断不能采其说。

张骞传

张骞，汉中人也[①]。建元中为郎。时匈奴降者言匈奴破月氏王[②]，以其头为饮器[③]，月氏遁而怨匈奴，无与共击之。汉方欲事灭胡，闻此言，欲通使，道必更[④]匈奴中，乃募能使者。骞以郎应募，使月氏，与堂邑氏奴甘父俱出陇西[⑤]。径匈奴，匈奴得之，传诣单于。单于曰："月氏在吾北，汉何以得往使？吾欲使越，汉肯听我乎？"留骞十余岁，予妻，有子，然骞持汉节不失。

居匈奴西，骞因与其属[⑥]亡乡月氏，西走数十日至大宛[⑦]。大宛闻汉之饶财，欲通不得，见骞，喜，问欲何之。骞曰："为汉使月氏而为匈奴所闭道，今亡，唯王使人道送我[⑧]。诚得至，反汉，汉之赂遗王财物不可胜言。"大宛以为然，遣骞，为发译道，抵康居[⑨]。康居传至大月氏。大月氏王已为胡所杀，立其夫人为王。既臣大夏[⑩]而君之，地肥饶，少寇，志安乐，又自以远远汉[⑪]，殊无报胡之心。骞从月氏至大夏，竟不能得月氏要领[⑫]。

留岁余，还，并[⑬]南山，欲从羌中归，复为匈奴所得。留岁余，单于死，国内乱[⑭]，骞与胡妻及堂邑父俱亡归汉。拜骞太中大夫，堂邑父为奉使君。

骞为人强力[15]，宽大信人，蛮夷爱之。堂邑父胡人，善射，穷急射禽兽给食。初，骞行时百余人，去十三岁，唯二人得还。

---

①汉中：秦郡，在今陕西境。 ②月氏：读如肉支，西域国名，见《韩安国传》。 ③饮器：侧耳杯，状如人面。 ④更：经。 ⑤陇西：见《高帝纪》。 ⑥属：谓同使之官属。 ⑦大宛：见《李陵苏武传》。 ⑧道：同“导”。 ⑨抵：至也。康居：见《司马相如传》。 ⑩大夏：西域国名，地在今阿富汗北部。 ⑪后“远”字，去声。 ⑫要：衣要。领：衣领。凡持衣者执要与领，喻骞不得月氏意趣，无以持归汉。 ⑬并：读如傍。 ⑭匈奴左谷蠡王攻其太子自立。 ⑮强力：坚忍于事。

骞身所至者，大宛、大月氏、大夏、康居，而传闻其旁大国五六，具为天子言其地形，所有[1]。语皆在《西域传》。骞曰：“臣在大夏时，见邛竹杖、蜀布[2]，问安得此，大夏国人曰：‘吾贾人往市之身毒国[3]。身毒国在大夏东南可数千里。其俗土著[4]，与大夏同，而卑湿暑热。其民乘象以战。其国临大水焉。’以骞度之，大夏去汉万二千里，居西南。今身毒又居大夏东南数千里，有蜀物，此其去蜀不远矣。今使大夏，从羌中，险，羌人恶之；少北，则为匈奴所得；从蜀，宜径，又无寇。”天子既闻大宛及大夏、安息[5]之属皆大国，多奇物，土著，颇与中国同俗，而兵弱，贵汉财物；其北则大月氏、康居之属，兵强，可以赂遗设利朝也[6]。诚得而以义属之[7]，则广地万里，重九译，致殊俗，威德遍于四海。天子欣欣以骞言为然。乃令因蜀犍为发间使[8]，数道并出：出駹，出莋，出徙、邛，出僰[9]，皆各行一二千里。其北方闭氐[10]、莋，南方闭巂、昆明[11]。昆明之属无君长，善寇盗，辄杀略汉使，终莫得通。然闻其西可千余里，有乘象国，名滇越[12]，而蜀贾间出物者[13]或至焉，于是汉以求大夏道始通滇国。初，汉欲通西南夷[14]，费多，罢之。及骞言可以通大夏，及复事[15]西南夷。

---

①地形，所有：指土地之形及所生之物。　②邛：邛莱山，亦作邛来，又作邛僰，今名大关山，在四川荥经县西，产竹，高节实中，堪为杖，故名邛竹。蜀布：蜀产细布。　③身毒国：即今印度。　④土著：有城郭常居，不随畜牧迁徙。⑤安息：西亚古国名，汉武帝时辖有全部伊朗高原及两河流域。⑥设：施。施之以利，诱令入朝。　⑦此句谓不以兵革。⑧犍为：汉郡，在今四川境。间使者：求间隙而行。　⑨駹，莋，邛，皆见《司马相如传》。徙：汉县，故治在今四川天全县东。僰：见《司马相如传》。　⑩氐：古西戎种族名。闭：谓汉使见闭于夷。　⑪巂：今四川西昌市。昆明：今四川盐源县。　⑫滇越：古国名，地在今云南境。　⑬间出物：谓私往市者。　⑭西南夷：见《司马相如传》南夷注。　⑮事：

谓经略通之，专以为事。

骞以校尉从大将军①击匈奴，知水草处，军得以不乏，乃封骞为博望侯。是岁，元朔六年也。后二年，骞为卫尉，与李广俱出右北平②击匈奴。匈奴围李将军，军失亡多，而骞后期当斩，赎为庶人。是岁，骠骑将军③破匈奴西边，杀数万人，至祁连山④。其秋，浑邪王率众降汉，而金城、河西并南山至盐泽⑤，空无匈奴。匈奴时有候者到而希矣。后二年，汉击走单于于幕北。

---

①大将军：指卫青。 ②右北平：汉郡，今河北、天津、内蒙古、辽宁皆有其地。 ③骠骑将军：指霍去病。 ④祁连山：一名南山，亦名雪山，又名白山，在甘肃张掖西南。 ⑤金城：汉郡，在甘肃境。河西：泛指黄河以西之地。如今之陕西、甘肃及内蒙古之鄂尔多斯、阿拉善、额济纳皆是。亦曰河右。盐泽：即蒲昌海，亦曰泑泽，考今新疆吐鲁番市西南有名泽罗布淖尔，即古盐泽。

天子数问骞大夏之属。骞既失侯，因曰："臣居匈奴中，闻乌孙①王号昆莫。昆莫父难兜靡本与大月氏俱在祁连、敦煌间②，小国也。大月氏攻杀难兜靡，夺其地，人民亡走匈奴。子昆莫新生，傅父布就翎侯③抱亡置草中，为求食，还，见狼乳之，又乌衔肉翔其旁，以为神，遂持归匈奴，单于爱养之。及壮，以其父民众与昆莫，使将兵，数有功。时，月氏已为匈奴所破，西击塞王④。塞王南走远徙，月氏居其地。昆莫既健⑤，自请单于报父怨，遂西攻破大月氏。大月氏复西走，徙大夏地。昆莫略其众，因留居，兵稍强，会单于死，不肯复朝事匈奴。匈奴遣兵击之，不胜，益以为神而远之⑥。今单于新困于汉，而昆莫地空。蛮夷恋故地，又贪汉物，诚以此时厚赂乌孙，招以东居故地，汉遣公主为夫人，结昆弟，其势宜听⑦，则是断匈奴右臂也。既连乌孙，自其西大夏之属皆可招来而为外臣。”天子以为然，拜骞为中郎将，将三百人，马各二匹，牛羊以万数，赍金币帛直数千巨万，多持节副使，道可便遣之旁国⑧。

---

①乌孙：西域国，今伊犁。　②在祁连、敦煌间：指祁连山以西，敦煌以东地区。　③傅父：为昆莫作傅父。翎，同“翕”；翎侯：乌孙大臣官号。布就：又翎侯中之别号。据《史记》，杀昆莫父者匈奴，非大月氏。　④塞：其地先为大月氏所据，后又据于乌孙。　⑤健：壮大。　⑥远：离。　⑦其势宜听：言事事听从于汉。　⑧此句言张骞于道中得便宜遣其副至他旁国。

骞既至乌孙，致赐谕指，未能得其决。语在《西域传》。骞即分遣副使使大宛、康居、月氏、大夏。乌孙发译道送骞，与乌孙使数十人，马数十匹，报谢，因令窥汉，知其广大。骞还，拜为大行。岁余，骞卒。后岁余，其所遣副使通大夏之属者皆颇与其人俱来，于是西北国始通于汉矣。然骞凿空[①]，诸后使往者皆称博望侯，以为质于外国[②]，外国由是信之。其后，乌孙竟与汉结婚。

---

①空：孔也。犹言始凿其孔穴。骞凿空：言张骞始开通西域道。　　②质：信也。

初，天子发书易[①]曰“神马当从西北来”。得乌孙马好，名曰“天马”。及得宛汗血马，益壮，更名乌孙马曰“西极马”，宛马曰“天马”云。而汉始筑令居[②]以西，初置酒泉郡，以通西北国。因益发使抵安息、奄蔡、犛靬、条支、身毒国[③]。而天子好宛马，使者相望于道，一辈[④]大者数百，少者百余人，所赍操，大放博望侯时。其后益习而衰少焉。汉率一岁中使者多者十余，少者五六辈，远者八九岁，近者数岁而反[⑤]。

---

①书易：书谓卜筮之书，易为占卜。　　②令居：汉县，故城在今甘肃永登县西北。　　③奄蔡等四国，皆西域国名。奄蔡：地在今葱岭之西，临今里海，距安息诸国甚远。犛靬：读如黎轩，为今意大利。条支：地在今俄罗斯极南。终西汉之世，惟安息遣使贡献，余国未能通。　　④一辈：犹一批。（陈直说）⑤远道则还迟，近则来疾。

是时，汉既灭越，蜀所通西南夷皆震，请吏。置牂柯、越巂、益州、沈黎、文山郡，欲地接以前通大夏①。乃遣使岁十余辈，出此初郡②，皆复闭昆明，为所杀，夺币物。于是汉发兵击昆明，斩首数万。后复遣使，竟不得通。语在《西南夷传》。

---

①前：往。欲地接以前通大夏：欲地界相接，往通大夏。
②初郡：即指牂柯诸新置郡。

自骞开外国道以尊贵，其吏士争上书言外国奇怪利害，求使。天子为其绝远，非人所乐，听其言①，予节②，募吏民无问所从来，为具备人众遣之，以广其道。来还不能无侵盗币物，及使失指③，天子为其习之，辄复按致重罪，以激怒令赎，复求使。使端无穷，而轻犯法④。其吏卒亦辄复盛推外国所有，言大者予节，言小者为副，故妄言无行之徒皆争相效。其使皆私县官赍物⑤，欲贱市以私其利。外国亦厌汉使人人有言轻重⑥，度汉兵远，不能至，而禁其食物，以苦汉使。汉使乏绝，责怨，至相攻击。楼兰、姑师小国⑦，当空道，攻劫汉使王恢等尤甚。而匈奴奇兵又时时遮击之。使者争言外国利害⑧，皆有城邑，兵弱易击。于是天子遣从票侯破奴⑨，将属国骑及郡兵数万以击胡。胡皆去。明年，击破姑师，虏楼兰王。酒泉列亭鄣至玉门矣⑩。

---

①此句言凡人皆不乐去，故有自请为使者，即听而遣之。　②予节：予求使者节也。　③失指：乖天子旨意。　④汉法，死罪皆听赎，罪愈重则赎金愈多，所侵盗币不足当重罪，辄加覆按致之重罪，使蠲所侵盗以赎，既赎而复求使，是以其事益习，而其犯法益轻。　⑤此句言所赍官物，窃自用之，同于私有。　⑥此句言汉使言于外国，人人轻重不实。　⑦楼兰国，即鄯善国，西域国之一。地在今新疆鄯善县东南。姑师国，即车师国，亦西域国之一。都城在交河域（今新疆吐鲁番市西北二十里雅尔湖西）。　⑧此句言服之则利，不讨则为害。　⑨破奴：指赵破奴。　⑩玉门：关名，在甘肃敦煌市西阳关之西北；一说，玉门故关在甘肃龙勒县西北。

而大宛诸国发使随汉使来，观汉广大，以大鸟卵及犛靬眩人献于汉①，天子大说。而汉使穷河源②，其山多玉石，采来③，天子案古图书，名河所出山曰昆仑云。

是时，上方数巡狩海上，乃悉从外国客，大都多人则过之，散财帛赏赐，厚具饶给之，以览视汉富厚焉。大角氐④，出奇戏诸怪物，多聚观者，行赏赐，酒池肉林，令外国客遍观各仓库府臧之积，欲以见⑤汉广大，倾骇之。及加其眩者之工，而角氐奇戏岁增变，其益兴，自此始。而外国使更来更去⑥。大宛以西皆自恃远，尚骄恣，未可诎以礼羁縻⑦而使也。

---

①犛軒眩人：即魔术杂技之类。　②据《史记》，河源出于阗。　③汉使采取，持来至汉。　④角氐：摔跤。　⑤见：显示。　⑥递互来去，前后不绝。　⑦羁縻：笼络，怀柔。

汉使往既多，其少从率进孰于天子①，言大宛有善马在贰师城，匿不肯示汉使。天子既好宛马，闻之甘心②，使壮士车令等持千金及金马以请宛王贰师城善马。宛国饶汉物③，相与谋曰："汉去我远，而盐水④中数有败，出其北有胡寇，出其南乏水草，又且往往而绝邑⑤，乏食者多。汉使数百人为辈来，常乏食，死者过半，是安能致大军乎？且贰师马，宛宝马也。"遂不肯予汉使。汉使怒，妄言，椎金马而去⑥。宛中贵人怒曰："汉使至轻我！"遣汉使去，令其东边郁成王遮攻，杀汉使，取其财物。天子大怒。诸尝使宛姚定汉等言："宛兵弱，诚以汉兵不过三千人，强弩射之，即破宛矣。"天子以尝使浞野侯攻楼兰，以七百骑先至，虏其王，以定汉等言为然，而欲侯宠姬李氏，乃以李广利为将军⑦，伐宛……

---

①少从：汉时谓随使而出外国者。进孰：言多进虚美之言。②闻之甘心：言志怀美悦，专事求之。　③此句言大宛素有汉地财物，故不贪金马之币。　④盐水：见《李陵传》。⑤此句言近道处无城郭之居。　⑥此句言椎破金马，携之而

去。　⑦李广利：武帝宠姬李夫人之兄，中山人。

赞曰：《禹本纪》言河出昆仑[①]，昆仑高二千五百里余，日月所相避隐为光明也。自张骞使大夏之后，穷河原，恶睹所谓昆仑者乎[②]？故言九州山川，《尚书》近之矣[③]。至《禹本纪》《山经》所有，放哉[④]！

---

①此赞本《史记·大宛传赞》，《禹本纪》为《史记》文，中言河出昆仑。昆仑，山名，在今青海西宁市之西，与今之昆仑山异。　②此句言恶睹所谓二千五百里高之昆仑山。　③《书·禹贡》记兖、冀、青、徐、豫、荆、扬、雍、梁等九州。　④放：放荡迂阔，言其不可信。司马迁此赞不敢斥武帝之志穷荒远，但举昆仑之非，以寓讽耳。

霍光传

霍光，字子孟，票骑将军去病弟也。父中孺，河东平阳人也[1]，以县吏给事平阳侯家[2]，与侍者卫少儿私通而生去病。中孺吏毕归家，娶妇生光，因绝不相闻。久之，少儿女弟子夫得幸于武帝，立为皇后，去病以皇后姊子贵幸。既壮大，乃自知父为霍中孺，未及求问。会为票骑将军击匈奴，道出河东，河东太守郊迎，负弩矢先驱，至平阳传舍，遣吏迎霍中孺。中孺趋入拜谒，将军迎拜，因跪曰："去病不早自知为大人遗体也！"中孺扶报叩头，曰[3]："老臣得托命将军，此天力也！"去病大为中孺买田宅、奴婢而去。还，复过焉，乃将光西至长安，时年十余岁，任光为郎，稍迁诸曹侍中。去病死后，光为奉车都尉光禄大夫，出则奉车，入侍左右，出入禁闼二十余年，小心谨慎，未尝有过，甚见亲信。

---

①河东：见《刘向传》。平阳：见《高帝纪》。 ②平阳侯：指曹寿。县遣吏于侯家供事。 ③扶服：即匍匐。

征和二年，卫太子为江充所败，而燕王旦、广陵王胥皆多过失。是时上年老，宠姬钩弋赵倢伃①有男，上心欲以为嗣，命大臣辅之。察群臣唯光任大重②，可属社稷③。上乃使黄门④画者画周公负成王朝诸侯以赐光。后元二年春，上游五柞宫，病笃，光涕泣问曰："如有不讳，谁当嗣者？"上曰："君未谕前画意邪？立少子，君行周公之事。"光顿首让曰："臣不如金日磾⑤！"日磾亦曰："臣外国人，不如光。"上以光为大司马大将军，日磾为车骑将军，及太仆上官桀为左将军，搜粟都尉桑弘羊为御史大夫，皆拜卧内床下⑥，受遗诏，辅少主。明日，武帝崩，太子袭尊号，是为孝昭皇帝。帝年八岁，政事壹决于光。

---

①钩戈：宫名。倢伃：妃嫔中的等级名号。　②任：堪。③属：委。　④黄门之署：职任亲近。以供天子，百物在焉，故亦有画工。　⑤金日磾：本匈奴休王太子，字翁叔，没入官，赐姓金氏，初为马监，复拜侍中，与霍光同受武帝遗诏辅政。⑥室曰内；卧室曰卧内。言三人于天子卧室内病榻前拜职。

先是，后元年，侍中仆射莽何罗与弟重合侯通谋为逆，时光与金日磾、上官桀等共诛之，功未录。武帝病，封玺书曰："帝崩发书以从事！"遗诏封金日磾为秺①侯，上官桀为安阳侯，光为博陆侯，皆以前捕反者功封。时卫尉王莽子男忽侍中，扬语曰："帝崩，忽常在左右，安得遗诏封三子事！群儿自相贵耳。"光闻之，切让王莽，莽鸩杀忽。

---

①秺：音 chá。

光为人沉静详审，长财[①]七尺三寸，白皙，疏眉目，美须髯。每出入下殿门，止进有常处，郎仆射窃识视之[②]，不失尺寸，其资性端正如此。初辅幼主，政自己出，天下想闻其风采。殿中尝有怪，一夜群臣相惊，光召尚符玺郎[③]，郎不肯授光。光欲夺之，郎按剑曰："臣头可得，玺不可得也！"光甚谊之。明日，诏增此郎秩二等。众庶莫不多[④]光。

---

①财：同"才"。　②郎有仆射，为诸郎长。　③尚：主。符玺郎：主玺与符节者。霍光召之欲收取其玺。　④多：犹重。

光与左将军桀结婚相亲，光长女为桀子安妻[①]。有女，年与帝相配。桀因帝姊鄂邑盖主[②]内安女后宫为倢伃；数月立为皇后。父安为票骑将军，封桑乐侯。光时休沐出，桀辄入代光决事。桀父子既尊盛，而德长公主。公主内行不修，近幸河间丁外人。桀、安欲为外人求封，幸依国家故事以列侯尚公主者，光不许。又为外人求光禄大夫，欲令得召见，又不许。长公主以是怨光。而桀、安数为外人求官爵弗能得，亦惭。自先帝时，桀已为九卿，位在光右。及父子并为将军，有椒房中宫之重③，皇后亲安女，光乃其外祖，而顾④专制朝事，由是与光争权。

燕王旦自以昭帝兄，常怀怨望。及御史大夫桑弘羊建造酒榷、盐铁，为国兴利，伐其功，欲为子弟得官，亦怨恨光。于是盖主、上官桀、安及弘羊皆与燕王旦通谋，诈令人为燕王上书，言："光出都肄⑤郎羽林，道上称跸⑥；太官先置⑦。又引苏武前使匈奴，拘留二十年不降，还乃⑧为典属国；而大将军长史敞亡功⑨为搜粟都尉。又擅调益莫府校尉⑩。光专权自恣，疑有非常。臣旦愿归符玺，入宿卫，察奸臣变。"候司⑪光出沐日奏之。桀欲从中下其事⑫，桑弘羊当⑬与诸大臣共执退光。书奏，帝不肯下。

明旦，光闻之，止画室中，不入⑭。上问："大将军安在？"左将军桀对曰："以燕王告其罪，故不敢入。"有诏召大将军。光入，免冠顿首谢。上曰："将军冠！朕知是书诈也，将军亡罪。"光曰："陛下何以知之？"上曰："将军之广明⑮，都郎属耳。调校尉以来未能十日，燕王何以知之？且将军为非，不须校尉。"是时帝年十四，尚书左右皆惊，而上书者果亡，捕之甚急。桀等惧，白上小事不足遂⑯。上不听。

后桀党与有谮光者，上辄怒曰："大将军忠臣，先帝所属以辅朕身，敢有毁者坐之！"自是桀等不敢复言，乃谋令长公主置酒请光，伏兵格杀之，因废帝，迎立燕王为天子。事发觉，光尽诛桀、安、弘羊、外人宗族。燕王、盖主皆自杀。光威震海内。昭帝既冠，遂⑰委任光，讫十三年⑱，百姓充实，四夷宾服。

---

①光嫡妻东闾氏生安夫人，昭后母也。 ②鄂邑：所食邑名。鄂邑盖主，昭帝姊，其夫姓王，封盖侯，故称盖主。 ③椒房殿，皇后所居。 ④顾：犹反。 ⑤都：大总。肄：试习，若今大操。 ⑥天子出，止行者以清道为“跸”。 ⑦太官：掌御饮食。置：供食饮之具。二事皆言光之僭。 ⑧乃：裁也，仅也。 ⑨敞：指杨敞。 ⑩调：选。莫府：指大将军府。 ⑪司：同“伺”。 ⑫谓伺霍光休假，不在禁中，桀欲自从禁中下其事。 ⑬当：以之自任。 ⑭画室：为殿前西阁之室，以汉于西阁中绘画古帝王之像，故称画室。不入：言不入殿。时昭帝御殿内，霍光止西阁之室中以待命。 ⑮广明：亭名，在西安市东东都门外。 ⑯遂：犹竟。谓不须穷竟。 ⑰遂：竟。言终委任之。 ⑱讫：至。

元平元年，昭帝崩，亡嗣。武帝六男独有广陵王胥在，群臣议所立，咸持广陵王。王本以行失道，先帝所不用。光内不自安。郎有上书言：“周太王废太伯立王季，文王舍伯邑考立武王①，唯在所宜，虽废长立少可也。广陵王不可以承宗庙。”言合光意。光以其书视丞相敞等②。擢郎为九江太守③，即日承皇太后诏，遣行大鸿胪事少府乐成④、宗正德、光禄大夫吉⑤、中郎将利汉迎昌邑王贺。

贺者，武帝孙，昌邑哀王子也⑥。既至，即位，行淫乱。光忧懑，独以问所亲故吏大司农田延年⑦。延年曰：“将军为国柱石⑧，审此人不可，何不建白太后⑨，更选贤而立之？”光曰：“今欲如是，于古尝有此否？”延年曰：“伊尹相殷，废太甲以安宗庙，后世称其忠⑩。将军若能行此，亦汉之伊尹也。”光乃引延年给事中，阴与车骑将军张安世图计，遂召丞相、御史、将军、列侯、中二千石、大夫、博士会议未央宫。光曰：“昌邑王行昏乱，恐危社稷，如何？”群臣皆惊鄂⑪失色，莫敢发言，但唯唯而已。田延年前，离席按剑，曰：“先帝属将军以幼孤，寄将军以天下，以将军忠贤能安刘氏也。今群下鼎沸，社稷将倾，且汉之传谥常为孝者，以长有天下，令宗庙血食也。如令汉家绝祀，将军虽死，何面目见先帝于地下乎？今日之议，不得旋踵⑫。群臣后应者，臣请剑斩之！”光谢曰：“九卿责光是也。天下匈匈不安，光当受难。”于是议者皆叩头，曰：“万姓之命在于将军，唯大将军令！”

---

①太伯：王季之兄。伯邑考，文王长子，武王之兄。　②视：示。敞：指杨敞。　③九江：秦郡，今江苏、安徽、江西皆有其地。　④史乐成：霍光所亲信，故首遣之。　⑤吉：丙吉，亦故大将军长史。　⑥昌邑哀王名髆。　⑦延年初以才略给事大将军莫府，故称故吏。　⑧柱：梁下之柱；石：承柱之础。言大臣负国重任，如屋之柱及石。　⑨建白：立议而

白之。太后：昭帝后，即上官安女。⑩殷太甲既立，弗明，伊尹放诸桐。⑪鄂：同“愕”。⑫旋踵：言宜速决。

光即与群臣俱见白太后，具陈昌邑王不可以承宗庙状。皇太后乃车驾幸未央承明殿，诏诸禁门毋内昌邑群臣。王入朝太后还，乘辇欲归温室，中黄门①宦者各持门扇，王入，门闭，昌邑群臣不得入。王曰：“何为？”大将军跪曰：“有皇太后诏，毋内昌邑群臣。”王曰：“徐之，何乃惊人如是！”光使尽驱出昌邑群臣，置金马门外。车骑将军安世将羽林骑收缚二百余人，皆送廷尉诏狱。令故昭帝侍中中臣侍守王。光敕左右：“谨宿卫，卒有物故自裁②，令我负天下，有杀主名。”王尚未自知当废，谓左右：“我故群臣从官安得罪③，而大将军尽系之乎？”顷之，有太后诏召王。王闻召，意恐，乃曰：“我安得罪而召我哉！”

---

①中黄门：属少府黄门令。②物故：死亡。自裁：自杀。③安得罪：犹言何所得罪。

太后被珠襦①，盛服坐武帐中。侍御数百人皆持兵；期门武士陛戟②，陈列殿下。群臣以次上殿，召昌邑王伏前听诏。光与群臣连名奏王。尚书令读奏曰：“丞相臣敞、大司马大将军臣光、车骑将军臣安世、度辽将军臣明友③、前将军臣增④、后将军臣充国⑤、御史大夫臣谊⑥、宜春侯臣谭[7]、当涂侯臣圣[8]、随桃侯臣昌乐[9]、杜侯臣屠耆堂[10]、太仆臣延年[11]、太常臣昌[12]、大司农臣延年、宗正臣德[13]、少府臣乐成、廷尉臣光[14]、执金吾臣延寿[15]、大鸿胪臣贤[16]、左冯翊臣广明[17]、右扶风臣德[18]、长信少府臣嘉[19]、典属国臣武[20]、京辅都尉臣广汉[21]、司隶校尉臣辟兵[22]、诸吏文学光禄大夫臣迁[23]、臣畸[24]、臣吉[25]、臣赐、臣管、臣胜、臣梁、臣长幸[26]、臣夏侯胜、太中大夫臣德[27]、臣卬[28]昧死言皇太后陛下：臣敞等顿首死罪！天子所以永保宗庙总壹海内者，以慈孝礼谊赏罚为本。孝昭皇帝早弃天下，亡嗣，臣敞等议，礼曰：'为人后者为之子也[29]。'昌邑王宜嗣，后遣宗正、大鸿胪、光禄大夫奉节使征昌邑王典丧。服斩缞[30]，亡悲哀之心，废礼谊，居道上不素食[31]，使从官略女子载衣车，内所居传舍。始至谒见，立为皇太子，常私买鸡豚以食。受皇帝信玺、行玺大行前[32]，就次发玺不封[33]。从官更持节，引内昌邑从官驺宰[34]官奴二百余人，常与居禁闼内敖戏。自之符玺取节十六，朝暮临，令从官更持节从。为书曰：'皇帝问侍中君卿[35]：使中御府令高昌奉黄金千斤，赐君卿取十妻。'大行在前殿，发乐府乐器，引内昌邑乐人，击鼓歌吹作俳倡[36]。会下还，上前殿[37]，击钟磬，召内泰壹宗庙乐人辇道牟首[38]，鼓吹歌舞，悉奏众乐。发长安厨三太牢具祠阁室中[39]；祀已，与从官饮啖[40]。驾法驾，皮轩鸾旗[41]，驱驰北宫、桂宫，弄彘斗虎。召皇太后御小马车[42]，使官奴骑乘，游戏掖庭中。与孝昭皇帝宫人蒙等淫乱，诏掖庭令敢泄言要斩。”

太后曰：“止[43]！为人臣子，当悖乱如是邪？”王离席伏。

---

①襦：短衣，贯珠以为襦形。 ②期门：官名，掌游猎，以仆射领之。陛戟：谓执戟以卫陛下。 ③范明友。 ④韩增。 ⑤赵充国。 ⑥蔡谊。 ⑦王谭。 ⑧魏圣。 ⑨赵昌乐。 ⑩故胡人。 ⑪杜延年。 ⑫苏昌。 ⑬刘向父。 ⑭李光。 ⑮李延寿。 ⑯韦贤。 ⑰田广明。 ⑱周德。 ⑲姓无可考。 ⑳苏武。 ㉑赵广汉。 ㉒姓无可考。 ㉓王迁。 ㉔宋畸。 ㉕丙吉。 ㉖诸人姓无可考。 ㉗姓无可考。 ㉘赵卬。 ㉙言既为人之后，即为之子，谓继承别支者，非亲子也。 ㉚典丧：为丧主。斩缞：缞裳下不緶直斩。斩，割之而已。 ㉛素食：谓不以火化而食。古居丧之礼，不火食，只以糒糗菜果为膳。 ㉜汉初有三玺，天子之玺自佩，行玺信玺在符节台。大行前：昭帝柩前。 ㉝玺既国器，常当缄封，而王于大行前受之，退还所次，遂尔发漏，更不封之，得令凡人皆见，言不慎重。 ㉞驺宰：执贱役者。 ㉟昌邑之侍中名君卿。 ㊱俳：谐戏。倡：乐人。 ㊲下：谓柩之入冢。葬还：不居丧位，便处前殿。 ㊳泰壹：天神之贵者。牟首：地名，上有观。言纳祀泰壹及祀宗庙之乐人，由辇道至牟首为乐。 ㊴北出中门有长安厨，故谓之厨城门。阁室：阁道之有室者。 ㊵啖：食。 ㊶皮轩鸾旗：皆法驾所陈。 ㊷汉厩有果下马，高可三尺，以

驾辇车，皇太后驾之以游宫中者。　　㊸令且止读奏。

尚书令复读曰：“取诸侯王、列侯、二千石绶及墨绶、黄绶以并佩昌邑郎官者免奴①。变易节上黄旄以赤②。发御府金钱、刀剑、玉器、采缯，赏赐所与游戏者。与从官官奴夜饮，湛沔③于酒。诏太官上乘舆食如故。食监奏未释服未可御故食，复诏太官趣具，无关食盐。太官不敢具，即使从官出买鸡豚，诏殿门内，以为常。独夜设九宾温室④，延见姊夫昌邑关内侯。祖宗庙祠未举⑤，为玺书使使者持节，以三太牢祠昌邑哀王园庙，称嗣子皇帝。受玺以来二十七日，使者旁午⑥，持节诏诸官署征发，凡千一百二十七事。文学光禄大夫夏侯胜等及侍中傅嘉数进谏以过失，使人簿责胜⑦，缚嘉系狱。荒淫迷惑，失帝王礼谊，乱汉制度。臣敞等数进谏，不变更，日以益甚，恐危社稷，天下不安。

“臣敞等谨与博士臣霸、臣隽舍、臣德、臣虞舍、臣射、臣仓议，皆曰：‘高皇帝建功业为汉太祖，孝文皇帝慈仁节俭为太宗，今陛下嗣孝昭皇帝后，行淫辟不轨⑧。’《诗》云：‘籍曰未知，亦既抱子⑨。’五辟⑩之属，莫大不孝。周襄王不能事母，《春秋》曰‘天王出居于郑’，繇不孝出之，绝之于天下也⑪。宗庙重于君，陛下未见命高庙⑫，不可以承天序⑬，奉祖宗庙，子万姓，当废！臣请有司御史大夫臣谊、宗正臣德、太常臣昌与太祝以一太牢具，告祠高庙。臣敞等昧死以闻。”

皇太后诏曰："可。"

---

①此句言以诸绶并赐佩免奴之昌邑郎官。免奴，免放为良人者。　②初，汉节纯赤，武帝时，巫蛊祸起，戾太子发兵与丞相刘屈氂军战，以戾太子持赤节，故更加黄旄以相别，遂以为常，令贺复改之。　③湛沔：荒迷。　④九宾：谓公、侯、伯、子、男、孤、卿、大夫、士。温室：殿名。于温室中设九宾之礼。　⑤祀宗庙祠未举：未满既葬三十六日之制，故未祠庙。　⑥一纵一横为旁午，犹言交横。　⑦簿责：以文簿具责之。　⑧辟：同"僻"。轨：法。　⑨《诗·大雅·抑》辞，卫武公刺厉王也。籍：假也。此言假令人云王尚幼少，未有所知，亦已长大而抱子矣，实不幼少。　⑩五辟：即五刑。《孝经》："五刑之属三千，其罪莫大于不孝。"　⑪襄王：指惠王子。惠后欲立襄王弟子带，王因出奔居郑。《公羊传》载王者无外，此言出，以其不能乎母。　⑫此句言未见高庙而受命。　⑬不可以承天序：言不可以次继承帝位。

光令王起拜受诏。王曰："闻天子有争臣七人，虽亡道，不失天下①。"光曰："皇太后诏废，安得天子！"乃即持其手，解脱其玺组，奉上太后，扶王下殿，出金马门，群臣随送。王西面拜曰："愚戆不任汉事！"起就乘舆副车。大将军光送至昌邑邸，光谢曰："王行自绝于天，臣等驽怯，不能杀身报德。臣宁负王，不敢负社稷。愿王自爱，臣长不复见左右！”光涕泣而去。群臣奏言：“古者废放之人屏于远方，不及以政②，请徙王贺汉中房陵县。”太后诏归贺昌邑，赐汤沐邑二千户。昌邑群臣坐亡辅导之谊，陷王于恶，光悉诛杀二百余人。出死，号呼市中曰：“当断不断，反受其乱③！”

---

①引《孝经》之言。　　②不及以政：言不豫政令。　　③此句言悔不早杀霍光等人。

光坐庭中，会丞相以下议定所立。广陵王已前不用，及燕刺王反诛，其子不在议中。近亲唯有卫太子孙号皇曾孙在民间，咸称述焉。光遂复与丞相敞等上奏曰：“《礼》曰：‘人道亲亲故尊祖，尊祖故敬宗①。’（太）[大]宗亡嗣，择支子孙贤者为嗣。孝武皇帝曾孙病已，武帝时有诏掖庭养视，至今年十八，师受《诗》《论语》《孝经》，躬行节俭，慈仁爱人，可以嗣孝昭皇帝后，奉承祖宗庙，子万姓。臣昧死以闻。”皇太后诏曰：“可。”光遣宗正刘德至曾孙家尚冠里②，洗沐赐御衣，太仆以軨猎车③迎曾孙就斋宗正府，入未央宫见皇太后，封为阳武侯。已而光奉上皇帝玺绶，谒于高庙，是为孝宣皇帝。

---

①语见《礼·大传》。　　②尚冠里：长安里名。　　③軨猎车：轻便之车。

明年，下诏曰："夫褒有德，赏元功，古今通谊也。大司马大将军光宿卫忠正，宣德明恩，守节秉谊，以安宗庙。其以河北、东武阳益封光万七千户。"与故所食凡二万户。赏赐前后黄金七千斤，钱六千万，杂缯三万匹，奴婢百七十人，马二千匹，甲第一区。自昭帝时，光子禹及兄孙云皆中郎将，云弟山奉车都尉侍中，领胡越兵。光两女婿为东西宫卫尉①，昆弟诸婿外孙皆奉朝请，为诸曹大夫，骑都尉，给事中。党亲连体，根据于朝廷。光自后元秉持万机，及上即位，乃归政。上谦让不受，诸事皆先关白光，然后奏御天子。光每朝见，上虚己敛容。礼下之已甚。

①范明友为未央卫尉，邓广汉为长乐卫尉，未央为西宫，长乐为东宫。

光秉政前后二十年，地节二年春病笃，车驾自临问光病，上为之涕泣。光上书谢恩曰："愿分国邑三千户，以封兄孙奉车都尉山为列侯，奉兄票骑将军去病祀①。"事下丞相御史，即日拜光子禹为右将军。

光薨，上及皇太后亲临光丧。太中大夫任宣与侍御史五人持节护丧事。中二千石治莫府冢上②。赐金钱、缯絮，绣被百领，衣五十箧，璧珠玑玉衣③，梓宫④、便房⑤、黄肠题凑各一具⑥，枞木外臧椁十五具⑦。东园温明⑧，皆如乘舆制度。载光尸柩以辒辌车⑨，黄屋左纛⑩，发材官轻车北军五校士军陈至茂陵⑪，以送其葬。谥曰宣成侯。发三河卒穿复土⑫，起冢祠堂，置园邑三百家，长丞奉守如旧法。

既葬，封山为乐平侯，以奉车都尉领尚书事。天子思光功德，下诏曰："故大司马大将军博陆侯宿卫孝武皇帝三十有余年，辅孝昭皇帝十有余年，遭大难，躬秉谊，率三公九卿大夫定万世册⑬以安社稷，天下蒸庶咸以康宁。功德茂盛，朕甚嘉之。复⑭其后世，畴⑮其爵邑，世世无有所与⑯，功如萧相国。"明年夏，封太子外祖父许广汉为平恩侯。复下诏曰："宣成侯光宿卫忠正，勤劳国家，善善及后世⑰，其封光兄孙中郎将云为冠阳侯!"

---

①霍去病子霍嬗嗣封，薨，无后，国除，故霍光乞分国邑以奉其祀。　②此句指典为冢者。　③此句言以玉为襦，如铠状，连缀之，以黄金为缕，腰以下玉为札，长尺，广二寸半，为甲，下至足，亦缀以黄金缕。　④梓宫：以梓为棺，天子所用称梓宫。　⑤便房：墓穴中的便坐。　⑥黄肠：柏木为之，柏黄心，故名。黄肠木皆内向，故曰题凑。　⑦臧椁：附加的棺。十五具：十五块。　⑧温明下脱"秘器"二字。东园：署名，属少府，办理皇帝丧事的官署。温明：漆器，棺也，形如方漆桶，开一面，漆画之，以镜置其中，以悬尸上，大敛并盖之。现在已发掘的汉墓中尚未发现。　⑨辒辌车：卧车。密闭曰辒，旁开曰辌，后用为丧车，因专名丧车。　⑩黄屋：天子车

也。以黄缯为盖里，故称。纛：毛羽幢，置车衡左方。　⑪轻车：战车。五校：五个营。北军共五营兵。茂陵：即汉武帝陵。⑫出土为陵，既成，还复其土为复土。　⑬册：同“策”。⑭复：免其徭役。　⑮畴：等。　⑯与：读如预。见《高帝纪》。　⑰谓褒宠善人，宜及其后世。

禹既嗣为博陆侯，太夫人显改光时所自造茔制而侈大之。起三出阙，筑神道，北临昭灵，南出承恩[①]，盛饰祠室，辇阁通属永巷[②]，而幽良人婢妾守之。广治第室，作乘舆辇，加画绣茵冯，黄金涂[③]，韦絮荐轮[④]，侍婢以五采丝挽显，游戏第中。初，光爱幸监奴冯子都[⑤]，常与计事，及显寡居，与子都乱。而禹、山亦并缮治第宅，走马驰逐平乐馆。云当朝请，数称病私出，多从宾客，张围猎黄山苑中[⑥]，使苍头奴上朝谒[⑦]，莫敢谴者。而显及诸女，昼夜出入长信宫殿[⑧]中，亡期度。

宣帝自在民间闻知霍氏尊盛日久，内不能善。光薨，上始躬亲朝政，御史大夫魏相给事中。显谓禹、云、山：“女曹不务奉大将军余业，今大夫给事中，他人壹间，女能复自救邪？”后两家奴争道[⑨]，霍氏奴入御史府，欲蹋大夫门[⑩]，御史为叩头谢，乃去。人以谓霍氏，显等始知忧。

---

①昭灵、承恩：皆馆名。　②此句谓于其家上作辇阁之道及永巷。　③茵：茵蓐。以绣为茵冯，指绣画的车垫子。黄金

涂：用黄金涂饰车辇。 ④韦絮荐轮：御辇用蒲韦裹车轮，加之以絮，令车行安不震动。 ⑤监奴：谓奴之监知家务者。冯子都：名殷。辛延年有《羽林郎》乐府，即叙子都依仗霍光的势力，调戏酒家胡女事。 ⑥黄山：宫名，在槐里。 ⑦上谒：参见尊贵而通名。朝当用谒，今云不自行而令奴上谒。 ⑧长信殿：上官太后所居。 ⑨两家：霍氏及御史家。 ⑩蹋：踢。

会魏大夫为丞相，数燕见言事。平恩侯与侍中金安上等径出入省中。时霍山自若①领尚书，上令吏民得奏封事，不关尚书，群臣进见独往来②，于是霍氏甚恶之。宣帝始立，立微时许妃为皇后。显爱小女成君，欲贵之，私使乳医③淳于衍行毒药杀许后，因劝光内成君，代立为后，语在《外戚传》。始许后暴崩，吏捕诸医，劾衍侍疾亡状，不道，下狱。吏簿问急，显恐事败，即具以实语光。光大惊，欲自发举，不忍，犹与。会奏上，因署衍勿论④。光薨后，语稍泄。于是上始闻之而未察⑤，乃徙光女婿度辽将军、未央卫尉平陵侯范明友为光禄勋，次婿诸吏中郎将羽林监任胜出为安定太守。数月，复出光姊婿给事中光禄大夫张朔为蜀郡太守，群孙婿中郎将王汉为武威太守。顷之，复徙光长女婿长乐卫尉邓广汉为少府⑥。更以禹为大司马，冠小冠⑦，亡印绶，罢其右将军屯兵官属，特⑧使禹官名与光俱大司马者。又收范明友度辽将军印绶，但为光禄勋。及光中女婿赵平为散骑骑都尉、光禄大夫将屯兵，又收平骑都尉印绶。诸领胡越骑、羽林及两宫卫将屯兵，悉易以所亲信许、史子弟代之。

---

①自若：犹言如故。 ②此句谓各各得尽言于上。 ③乳医：视产乳之疾者。 ④霍光署题其奏。 ⑤未知其虚实。 ⑥此少府为长信少府，见本传。 ⑦汉制大司马大将军冠武弁大冠，今贬禹，故使冠小冠。 ⑧特：但。

禹为大司马，称病。禹故长史任宣候问，禹曰："我何病？县官①非我家将军不得至是，今将军坟墓未干，尽外②我家，反任许、史，夺我印绶③，令人不省死④！"宣见禹恨望⑤深，乃谓曰："大将军时何可复行！持国权柄，杀生在手中。廷尉李种、王平⑥、左冯翊贾胜胡及车丞相女婿少府徐仁皆坐逆将军意下狱死。使乐成小家子得幸将军，至九卿封侯。百官以下但事冯子都、王子方等⑦，视丞相亡如也⑧。各自有时，今许、史自天子骨肉，贵正宜耳。大司马欲用是怨恨，愚以为不可。"禹默然。数日，起视事。

---

①县官：谓天子。 ②外：疏斥。 ③右将军金印紫绶，禹拜右将军，至是罢职，仅领大司马虚衔。 ④不自省有过。 ⑤望：怨。 ⑥初，上官桀父子与盖主、燕王、桑弘羊等谋为乱逆，事败，弘羊子迁亡过侯史吴，后迁捕得，伏法。会赦，侯史吴自出系狱，李种王平治反事，皆以桑迁坐父谋反，

而侯史吴藏之，非匿反者，即以赦令除吴罪，后侍御史治实，以迁知父谋反而不谏争，与反者身无异，侯史吴首匿迁，罪在不赦，而光以平等为吏纵罪人，弄法轻重，皆论弃市。 ⑦冯、王皆霍光奴。 ⑧亡如：犹云蔑如。言百官以下，皆蔑视丞相。

显及禹、山、云自见日侵削，数相对啼泣，自怨。山曰："今丞相用事，县官信之，尽变易大将军时法令，以公田赋与贫民，发扬大将军过失。又诸儒生多窭人子，远客饥寒，喜妄说狂言，不避忌讳，大将军常仇之，今陛下好与诸儒生语，人人自使书对事，多言我家者。尝有上书言大将军时主弱臣强，专制擅权，今其子孙用事，昆弟益骄恣，恐危宗庙，灾异数见，尽为是也。其言绝痛，山屏不奏其书。后上书者益黠，尽奏封事，辄（使）[下]中书令出取之，不关尚书，益不信人。"显曰："丞相数言我家，独无罪乎？"山曰："丞相廉正，安得罪？我家昆弟诸婿多不谨。又闻民间讙言①霍氏毒杀许皇后，宁有是邪？"显恐急，即具以实告山、云、禹。山、云、禹惊曰："如是，何不早告禹等！县官离散斥逐诸婿，用是故也。此大事，诛罚不小，奈何？"于是始有邪谋矣。

---

①讙：喧哗。

初，赵平客石夏善为天官①，语平曰："荧惑守御星，御星，太仆奉车都尉也，不黜则死。”平内忧山等。云舅李竟所善张赦见云家卒卒[2]，谓竟曰：“今丞相与平恩侯用事，可令太夫人言太后，先诛此两人。移徙陛下，在太后耳。”长安男子张章告之，事下廷尉。执金吾捕张赦、石夏等，后有诏止勿捕。山等愈恐，相谓曰：“此县官重[3]太后，故不竟[4]也。然恶端已见，又有弑许后事，陛下虽宽仁，恐左右不听，久之犹发，发即族矣，不如先也[5]。”遂令诸女各归报其夫，皆曰：“安所相避[6]？”会李竟坐与诸侯王交通，辞语及霍氏，有诏云、山不宜宿卫，免就第。光诸女遇太后无礼[7]，冯子都数犯法，上并以为让，山、禹等甚恐。

---

①善为天官：指通晓天文者。　②卒卒：匆遽貌。　③重：难。　④竟：穷竟其事。　⑤不如先也：言不如先反。　⑥安所相避：言无处相避，当受灾祸。　⑦霍光诸女自以于上官太后为姨母，遇之无礼。

显梦第中井水溢流庭下，灶居树上，又梦大将军谓显曰：“知捕儿不[1]？亟下捕之[2]。”第中鼠暴多，与人相触，以尾画地。鸮数鸣殿前树上[3]。第门自坏。云尚冠里宅中门亦坏[4]。巷端人共见有人居云屋上，彻瓦投地，就视，亡有，大怪之。禹梦车骑声正讙，来捕禹，举家忧愁。

---

①此句谓知儿见捕否。　②此句言亟疾下捕之。　③鸮：

恶声之鸟。古者室屋高大，则呼为殿，非止天子宫中称殿。④尚冠里：京兆尹署所在。

山曰："丞相擅减宗庙羔、菟、蛙[1]，可以此罪也。"谋令太后为博平君[2]置酒，召丞相、平恩侯以下，使范明友、邓广汉承太后制引斩之，因废天子而立禹。约定未发，云拜为玄菟太守[3]，太中大夫任宣为代郡太守。山又坐写秘书，显为上书献城西第，入马千匹，以赎山罪。书报闻[4]，会事发觉，云、山、明友自杀；显、禹、广汉等捕得。禹要斩，显及诸女昆弟皆弃市。唯独霍后废处昭台宫。与霍氏相连坐诛灭者数千家。上乃下诏曰："乃者东织室令史张赦使魏郡豪李竟报冠阳侯云谋为大逆[5]，朕以大将军故，抑而不扬，冀其自新。今大司马博陆侯禹与母宣成侯夫人显及从昆弟子冠阳侯云、乐平侯山诸姊妹婿谋为大逆，欲诖误百姓。赖宗庙神灵，先发得[6]，咸伏其辜，朕甚悼之！诸为霍氏所诖误，事在丙申前，未发觉在吏者，皆赦除之！男子张章先发觉，以语期门董忠，忠告左曹杨恽，恽告侍中金安上。恽召见对状，后章上书以闻。侍中史高与金安上建发其事[7]，言无入霍氏禁闼，卒不得遂[8]其谋，皆雠有功[9]。封章为博成侯，忠高昌侯，恽平通侯，安上都成侯，高乐陵侯！"

---

①羔、菟、蛙：所以供祭者。高后时定令，敢有擅议宗庙者弃市。　②博平君：宣帝外祖母。　③玄菟：汉郡，即今朝

鲜咸镜道及吉林南境。　④书报闻：不许之。　⑤张赦因李竟传言于霍云与共谋反。　⑥发得：事发而捕得。　⑦发其事：言其立意发之。　⑧遂：成。　⑨譬：等。言其功相等类。

初，霍氏奢侈，茂陵徐生曰："霍氏必亡。夫奢则不逊，不逊必侮上。侮上者，逆道也。在人之右，众必害之。霍氏秉权日久，害之者多矣。天下害之，而又行以逆道，不亡何待！"乃上疏言："霍氏泰盛，陛下即爱厚之，宜以时抑制，无使至亡。"书三上，辄报闻。其后霍氏诛灭，而告霍氏者皆封。人为徐生上书曰："臣闻客有过主人者，见其灶直突①，傍有积薪，客谓主人，更为曲突，远徙其薪，不者且有火患。主人嘿然不应。俄而家果失火，邻里共救之，幸而得息。于是杀牛置酒，谢其邻人，灼烂者在于上行，余各以功次坐；而不录言曲突者。人谓主人曰：'乡使听客之言，不费牛酒，终亡火患。今论功而请宾，曲突徙薪亡恩泽，焦头烂额为上客耶？'主人乃寤而请之。今茂陵徐福数上书言霍氏且有变，宜防绝之。乡使福说得行，则国亡裂土出爵之费，臣亡逆乱诛灭之败。往事既已，而福独不蒙其功，唯陛下察之，贵徙薪曲突之策，使居焦发灼烂之右②。"上乃赐福帛（十）[千]匹，后以为郎。

①突：灶突。　②右：上。

宣帝始立，谒见高庙，大将军光从骖乘[1]，上内严惮之，若有芒刺在背。后车骑将军张安世代光骖乘，天子从容肆[2]体，甚安近焉。及光身死而宗族竟诛，故俗传之曰：“威震主者不畜，霍氏之祸萌于骖乘。”至成帝时，为光置守冢百家，吏卒奉祠焉。元始二年，封光从父昆弟曾孙阳为博陆侯，千户。

---

①汉制，大驾，大将军骖骑。　②肆：放也，展也。

赞曰：霍光以结发内侍，起于阶闼之间，确然秉志，谊形于主。受襁褓之托，任汉室之寄，当庙堂，拥幼君，摧燕王，仆上官，因权制敌，以成其忠。处废置之际，临大节而不可夺，遂匡国家，安社稷。拥昭立宣，光为师保，虽周公、阿衡[1]，何以加此！然光不学亡术，暗于大理，阴妻邪谋，立女为后，湛溺盈溢之欲，以增颠覆之祸，死财三年，宗族诛夷，哀哉！昔霍叔封于晋，晋即河东，光岂其苗裔乎[2]！

---

①阿衡：伊尹官号；阿：倚也；衡，平也。言天子所倚，群下取平。　②霍叔：文王之子，武王之弟也。昭宣之际，有推霍光为霍叔后者，其语殊谬，足累光之诚节，班氏特引于赞中，以传疑亦兼以为微戒。

赵充国传

赵充国，字翁孙，陇西上邽人也①，后徙金城令居②。始为骑士，以六郡良家子③善骑射补羽林④。为人沉勇有大略，少好将帅之节，而学兵法，通知四夷事。武帝时，以假司马从贰师将军击匈奴，大为虏所围。汉军乏食数日，死伤者多，充国乃与壮士百余人溃围陷陈，贰师引兵随之，遂得解。身被二十余创，贰师奏状，诏征充国诣行在所。武帝亲见视其创，嗟叹之，拜为中郎，迁车骑将军长史。昭帝时，武都氐人反⑤，充国以大将军护军都尉将兵击定之，迁中郎将，将屯上谷⑥，还为水衡都尉。击匈奴，获西祁王⑦，擢为后将军，兼水衡如故。与大将军霍光定册尊立宣帝，封营平侯。本始中，为蒲类将军征匈奴，斩虏数百级，还为后将军、少府。匈奴大发十余万骑，南旁塞，至符奚庐山，欲入为寇。亡者题除渠堂降汉言之，遣充国将四万骑屯缘边九郡⑧。单于闻之，引去。

---

①1942年，青海出土东汉三老掾赵宽碑，叙述世系特详，参见中华书局《汉书新证》第367页。上邽：秦县，属甘肃天水市。　②金城：见《张骞传》。令居：汉县，治今甘肃永登县

城西北。　③陇西、天水、安定、北地、上郡、西河六郡。④羽林：即羽林郎，秩三百石，掌宿卫。　⑤武都：汉郡，在今甘肃境。氐：西戎。　⑥上谷：秦郡，地在今河北。此句言赵充国领兵屯于上谷。　⑦西祁王：即匈奴王。　⑧五原、朔方、云中、代郡、雁门、定襄、北平、上谷、渔阳九郡。此句谓四万骑屯之，而充国总领之。

是时，光禄大夫义渠安国使行诸羌①，先零豪言愿时渡湟水北②，逐民所不田处畜牧。安国以闻。充国劾安国奉使不敬③。是后，羌人旁缘前言④，抵冒渡湟水⑤，郡县不能禁。

---

①羌：西戎种族名。　②先零：汉时羌族，今甘肃临夏市以西至青海之境皆其所据。豪：帅长。湟水：见《武帝纪》。湟水之北为汉地。　③以其不详审情实。　④旁：依。　⑤抵：犯。前先零所言，虽经安国奏，为充国所劾，朝廷固未许也，羌人乃缘前言，犯法冒禁而渡。

元康三年，先零遂与诸羌种豪二百余人解仇交质盟诅①。上闻之，以问充国，对曰："羌人所以易制者，以其种自有豪，数相攻击，势不壹也。往三十余岁，西羌反时，亦先解仇合约攻令居，与汉相距，五六年乃定。至征和（五）[三]年，先零豪封煎等通使匈奴，匈奴使人至小月氏，传告诸羌曰：‘汉贰师将军众十余万人降匈奴。羌人为汉事苦②，张掖、酒泉③本我地，地肥美，可共击居之。’以此观匈奴欲与羌合，非一世也。间者匈奴困于西方④，闻乌桓来保塞⑤，恐兵复从东方起⑥，数使使尉黎、危须诸国⑦，设⑧以子女貂裘，欲沮解之⑨。其计不合⑩。疑匈奴更遣使至羌中，道从沙阴地⑪，出盐泽⑫，过长坑⑬，入穷水塞⑭，南抵属国⑮，与先零相直⑯。臣恐羌变未止此，且复结联他种，宜及未然为之备。”

---

①羌人无大君长，而诸种族豪递相杀伐，故每有仇雠，往来相报，今解仇交质，自相亲结，欲入汉为寇。　②事：使役。③张掖：见《李陵传》。酒泉：见《武帝纪》。　④本始五年，匈奴为乌孙所破。　⑤塞：边界。　⑥此句言恐汉再伐之。　⑦尉黎、危须：皆西域国名。尉黎：亦作“尉犁”，在今新疆尉犁县；危须：在今新疆焉耆县东北。　⑧设：谓开许。　⑨沮：坏。欲坏其计，令解散之。　⑩诸国不与匈奴合谋。　⑪沙阴：即流沙。亦名居延海，在张掖市东北，县故治在今甘肃武威市南。　⑫盐泽：见《张骞传》。　⑬长坑：长城之窟。　⑭穷水：亦在张掖市北。　⑮此当为张掖属国，以时金城尚未置属国。　⑯直：当。

后月余，羌侯狼何果遣使至匈奴藉①兵，欲击鄯善、敦煌②，以绝汉道。充国以为：“狼何，小月氏种，在阳关西南[3]，势不能独造此计，疑匈奴使已至羌中，先零、罕开乃解仇作约[4]。到秋马肥，变必起矣。宜遣使者行边兵豫为备，敕视诸羌[5]，毋令解仇，以发觉其谋。”于是两府[6]复白遣义渠安国行视诸羌，分别善恶。

---

①藉：借。 ②鄯善：即楼兰国，见《张骞传》。 ③阳关：在今甘肃敦煌市西南，即汉阳关。 ④罕开：读如罕坚，羌之别种，地在今甘肃天水市南。 ⑤视：读如示。示：语之。 ⑥两府：指丞相、御史大夫府。

安国至，召先零诸豪三十余人，以尤桀黠[1]，皆斩之。纵兵击其种人，斩首千余级。于是诸降羌及归义羌侯杨玉等恐怒，亡所信乡[2]，遂劫略小种，背畔犯塞，攻城邑，杀长吏。安国以骑都尉将骑三千屯备羌，至浩亹[3]，为虏所击，失亡车重兵器甚众。安国引还，至令居，以闻。是岁，神爵元年春也。

---

①尤：最也。桀：坚也，言不顺从。黠：恶也，为恶坚。 ②此句谓怨怒汉吏不亲信而归向之。 ③浩亹：读如告门，汉县，因浩亹水名，故城在今甘肃永登县南。

时充国年七十余，上老之，使御史大夫丙吉问谁可将者，充国对曰：“亡逾于老臣者矣！”上遣问焉，曰：“将军度羌虏何如，当用几人？”充国曰：“百闻不如一见。兵难隃①度，臣愿驰至金城②，图上方略③。然羌戎小夷，逆天背畔，灭亡不久，愿陛下以属老臣，勿以为忧。”上笑曰：“诺。”

---

①隃：遥。　②金城于昭帝始元六年置郡。　③图上方略：图其地形，并为攻讨方略，俱上奏。

充国至金城，须①兵满万骑，欲渡河，恐为虏所遮，即夜遣三校衔枚先渡，渡辄营陈②；会明，毕，遂以次尽渡。虏数十百骑来，出入军傍。充国曰：“吾士马新倦，不可驰逐。此皆骁骑难制，又恐其为诱兵也。击虏以殄灭为期，小利不足贪。”令军勿击。遣骑候四望陿中③，亡虏。夜引兵上至落都④，召诸校司马，谓曰：“吾知羌虏不能为兵矣。使虏发数千人守杜⑤四望陿中，兵岂得入哉！”充国常以远斥候为务，行必为战备，止必坚营壁，尤能持重，爱士卒，先计而后战。遂西至西部都尉府⑥，日飨军士，士皆欲为用。虏数挑战，充国坚守。捕得生口，言羌豪相数责曰：“语汝亡反，今天子遣赵将军来，年八九十矣，善为兵。今请欲一斗而死，可得邪！”

---

①须：等待。　②此句言立营陈，则虏不得犯，诸军可以继渡。　③山峭而夹水曰陿。四望陿：在今甘肃永登县西。

④落都：汉县，西汉置破羌县，即今青海乐都。　⑤杜：塞。⑥西部都尉府：在金城。

充国子右曹中郎将卬，将期门佽飞、羽林孤儿、胡越骑为支兵，至令居。虏并出绝转道①，卬以闻。有诏将八校尉②与骁骑都尉、金城太守合疏捕山间虏③，通转道津渡。

①并：犹俱。转道：运粮之道。　②八校尉：指中垒、屯骑、步兵、越骑、长水、胡骑、射声、虎贲。　③疏：伺也。

初，罕、开豪靡当儿使弟雕库来告都尉①曰先零欲反，后数日果反。雕库种人颇在先零中，都尉即留雕库为质。充国以为亡罪，乃遣归告种豪："大兵诛有罪者，明白自别，毋取并灭。天子告诸羌人，犯法者能相捕斩，除罪。斩大豪有罪者一人，赐钱四十万，中豪十五万，下豪二万，大男三千，女子及老小千钱，又以其所捕妻子财物尽与之。"充国计欲以威信招降罕、开及劫略者，解散虏谋，徼极乃击之②。

时上已发三辅、太常徒弛刑③，三河、颍川、沛郡、淮阳、汝南材官④，金城、陇西、天水、安定、北地、上郡骑士、羌骑，与武威、张掖、酒泉太守各屯其郡者，合六万人矣。酒泉太守辛武贤奏言："郡兵皆屯备南山，北边空虚，势不可久。或曰至秋冬乃进兵，此虏在竟外之册⑤。今虏朝夕为寇，土地寒苦，汉马不能⑥冬，屯兵在武威、张掖、酒泉万骑以上，皆多羸瘦。可益马食，以七月上旬赍三十日粮，分兵并出张掖、酒泉，合击罕、开在鲜水上者⑦。虏以畜产为命，今皆离散，兵即⑧分出，虽不能尽诛，亶⑨夺其畜产，虏其妻子，复引兵还，冬复击之，大兵仍⑩出，虏必震坏。”天子下其书充国，令与校尉以下吏士知羌事者博议。

---

①都尉：即金城西部都尉。　②徼：要。极：倦极。要其倦极而后击之。　③弛刑：古代监收的囚徒不带械具者。　④沛郡：汉置，在今江苏、安徽境。淮阳：汉置国，今河南淮阳县。汝南：汉郡，河南、安徽皆有其地。材官：有干力之官。　⑤竟：读如境。册：同“策”。　⑥能：读如耐。　⑦今青海东北境，古曰鲜水。　⑧或谓“即”字疑“既”字之讹。　⑨亶：读如但。　⑩仍：频。

充国及长史董通年以为“武贤欲轻引万骑，分为两道出张掖，回①远千里。以一马自佗负②三十日食，为米二斛四斗，麦八斛，又有衣装兵器，难以追逐。勤劳而至，虏必商③军进退，稍引去，逐水草，入山林。随而深入，虏即据前险，守后厄，以绝粮道，必有伤危之忧，为夷狄笑，千载不可复。而武贤以为可夺其畜产，虏其妻子，此殆④空言，非至计也。又武威县、张掖、日勒⑤皆当北塞，有通谷水草。臣恐匈奴与羌有谋，且欲大入，幸能要杜⑥张掖、酒泉以绝西域，其郡兵尤不可发。先零首为畔逆，它种劫略[⑦]。故臣愚册，欲捐罕、开暗昧之过，隐而勿章，先行先零之诛以震动之，宜悔过反善，因赦其罪，选择良吏知其俗者揃循和辑[⑧]，此全师保胜安边之册”。

---

①回：路纡曲。 ②凡以畜产载负物者谓之“佗”。 ③商：计度。 ④殆：仅。 ⑤武威县：汉置，故城在今甘肃武威市民勤县。日勒：汉县，故城在今甘肃永昌县西北。 ⑥要：遮。杜：塞。 ⑦此句言被劫略而反叛，非其本心。 ⑧揃：古“抚”字。辑：与“集”同。

天子下其书。公卿议者咸以为先零兵盛，而负罕、开之助，不先破罕、开，则先零未可图也。上乃拜侍中乐成侯许延寿为强弩将军，即拜酒泉太守武贤为破羌将军[①]，赐玺书嘉纳其册。以书敕让充国曰：“皇帝问后将军，甚苦暴露。将军计欲至正月乃击罕羌，羌人当获麦，已远其妻子[②]，精兵万人欲为酒泉、敦煌寇[③]。边兵少，民守保不得田作。今张掖以东粟石百余，刍槁束数十[④]。转输并起，百姓烦扰。将军将万余之众，不早及秋共水草之利争其畜食[⑤]，欲至冬，虏皆当畜食[⑥]，多藏匿山中依险阻，将军士寒，手足皲瘃[⑦]，宁有利哉？将军不念中国之费，欲以岁数而胜微[⑧]，将军谁不乐此者！今诏破羌将军武贤将兵六千一百人，敦煌太守快将二千人，长水校尉富昌、酒泉（侯）[候]奉世将婼⑨、月氏兵四千人，亡虑万二千人⑩。赍三十日食，以七月二十二日击罕羌，入鲜水北句廉上⑪，去酒泉八百里，去将军可千二百里。将军其引兵便道西并进，虽不相及，使虏闻东方北方兵并来，分散其心意，离其党与，虽不能殄灭，当有瓦解者。已诏中郎将卬将胡越佽飞射士、步兵二校⑫，益将军兵。今五星出东方，中国大利，蛮夷大败⑬。太白出高，用兵深入敢战者吉，弗敢战者凶⑭。将军急装，因天时，诛不义，万下必全，勿复有疑！”

---

①即：就。就其郡而拜之。　②徙其妻子令远居，而身来为寇。　③言羌获麦后将如此。　④皆谓钱值之数，言其贵。　⑤畜：畜产牛羊之属；食：谷麦之属。　⑥畜：聚积。　⑦皲：皲裂，皮肤因寒冷干燥而开裂。瘃：寒疮，俗呼冻疮。　⑧此句谓久历年岁，乃胜小敌。　⑨奉世：冯奉世。婼：西域国名，在新疆若羌县。　⑩亡虑：总计。言不待计虑而知其大凡。　⑪句廉：水岸曲而有廉棱。　⑫佽飞：见《宣帝纪》。步兵二校：步兵二营。　⑬五星分天之中，积于东方，中国大利，积于西方，夷狄用兵者利。　⑭太白：星名，主兵象；出而高，用兵深吉浅凶，卑，浅吉深凶。

充国既得让，以为将任兵在外，便宜有守，以安国家①。乃上书谢罪，因陈兵利害，曰：“臣窃见骑都尉安国前幸赐书②，择羌人可使使罕③，谕告以大军当至，汉不诛罕，以解其谋。恩泽甚厚，非臣下所能及。臣独私美陛下盛德至计亡已，故遣开豪雕库宣天子至德；罕、开之属皆闻知明诏。今先零羌杨玉（此羌之首帅名王）将骑四千及煎巩骑五千，阻石山木，候便为寇④，罕羌未有所犯。今置先零，先击罕，释有罪，诛亡辜，起一难，就两害，诚非陛下本计也。臣闻兵法'攻不足者守有余⑤'，又曰'善战者致人，不致于人⑥'。今罕羌欲为敦煌、酒泉寇，饬⑦兵马，练战士，以须⑧其至，坐得致敌之术，以逸击劳，取胜之道也。今恐二郡兵少不足以守，而发之行攻，释致虏之术而从为虏所致之道，臣愚以为不便。先零羌虏欲为背畔，故与罕、开解仇结约，然其私心不能亡恐汉兵至而罕、开背之也。臣愚以为其计常欲先赴罕、开之急，以坚其约，先击罕羌，先零必助之。今虏马肥，粮食方饶，击之恐不能伤害，适使先零得施德于罕羌，坚其约，合其党。虏交坚党合，精兵二万余人，迫胁诸小种，附着者稍众，莫须⑨之属不轻得离也。如是，虏兵浸多，诛之用力数倍，臣恐国家忧累繇十年数，不二三岁而已。臣得蒙天子厚恩，父子俱为显列。臣位至上卿，爵为列侯，犬马之齿七十六，为明诏填沟壑，死骨不朽，亡所顾念。独思惟兵利害至孰悉也。于臣之计，先诛先零已，则罕、开之属不烦兵而服矣。先零已诛而罕、开不服，涉正月击之，得计之理，又其时也。以今进兵，诚不见其利。唯陛下裁察！"六月戊申奏，七月甲寅，玺书报从充国计焉。

①此句言为将之道，受任行兵于外，虽受诏命，若有便宜，则当固守以取安利。　②前幸赐书：言义渠安国得此赐书。　③此句言择可使者令往。　④候使为寇：谓依阻山之木石，以自保固。　⑤《孙子·形篇》语。言所以守者，力不足也。所以攻者，守有余也。　⑥《孙子·虚实篇》语。致人：引之而取之；致于人：为人所取。　⑦饬：整治也。　⑧须：待也。　⑨莫须：小种羌名。

充国引兵至先零在所。虏久屯聚，解弛①，望见大军，弃车重，欲渡湟水，道厄狭，充国徐行驱之。或曰逐利行迟②，充国曰："此穷寇不可迫也。缓之则走不顾，急之则还致死。"诸校皆曰："善。"虏赴水溺死者数百，降及斩首五百余人，卤马牛羊十万余头，车四千余两。兵至罕地，令军毋燔聚落刍牧田中③。罕羌闻之，喜曰："汉果不击我矣！"豪靡忘使人来言："愿得还复故地。"充国以闻，未报。靡忘来自归，充国赐饮食，遣还谕种人。护军以下皆争之，曰："此反虏，不可擅遣。"充国曰："诸君但欲便文自营④，非为公家忠计也。"语未卒，玺书报，令靡忘以赎论。后罕竟不烦兵而下。

①解：读如懈。弛：放。　②此句言逐利宜疾，今行太迟。　③此句谓不得燔烧人居，及于田亩之中刈刍放牧。

④此句谓苟取文墨之便，而自营卫。

其秋，充国病，上赐书曰："制诏后将军：闻苦脚胫、寒泄①，将军年老加疾，一朝之变不可讳②，朕甚忧之。今诏破羌将军诣屯所，为将军副，急因天时大利，吏士锐气，以十二月击先零羌。即疾剧，留屯毋行③，独遣破羌、强弩将军。"时羌降者万余人矣。充国度其必坏，欲罢骑兵屯田，以待其敝。作奏未上，会得进兵玺书。中郎将卬惧，使客谏充国曰："诚令兵出，破军杀将，以倾国家，将军守之可也。即利与病，又何足争？一旦不合上意，遣绣衣④来责将军，将军之身不能自保，何国家之安？"充国叹曰："是何言之不忠也！本用吾言，羌虏得至是邪？往者举可先行羌者，吾举辛武贤，丞相御史复白遣义渠安国，竟沮败羌。金城、湟中谷斛八钱⑤，吾谓耿中丞⑥，籴二百万斛谷，羌人不敢动矣⑦。耿中丞请籴百万斛，乃得四十万斛耳。义渠再使，且费其半。失此二册，羌人故敢为逆。失之毫厘，差以千里，是既然矣。今兵久不决，四夷卒有动摇，相因而起，虽有知者不能善其后，羌独足忧邪⑧！吾固以死守之，明主可为忠言。"遂上屯田奏曰："臣闻兵者，所以明德除害也，故举得于外，则福生于内，不可不慎。臣所将吏士马牛食，月用粮谷十九万九千六百三十斛，盐千六百九十三斛，茭藁二十五万二百八十六石⑨。难久不解，繇役不息。又恐它夷卒有不虞之变，相因并起，为明主忧，诚非素定庙胜之册⑩。且羌虏易以计破，难用兵碎也，故臣愚以为击之不便。计度临羌东至浩亹，羌虏故田及公田，民所未垦，可二千顷以上，其间邮亭多坏败者。臣前部士入山，伐材木大小六万余枚，皆在水次。愿罢骑兵，留弛刑应募，及淮阳、汝南步兵与吏士私从者，合凡万二百八十一人，用谷月二万七千三百六十三斛，盐三百八斛，分屯要害处。冰解漕下⑪，缮⑫乡亭，浚沟渠，治湟陿⑬以西道桥七十所，令可至鲜水左右。田事出⑭，赋人二十晦⑮。至四月草生，发郡骑及属国胡骑伉健各千，倅马什二⑯，就草，为田者游兵⑰，以充入金城郡，益积畜，省大费。今大司农所转谷至者，足支万人一岁食。谨上田处及器用簿，唯陛下裁许！”

---

①胫：膝以下骨。寒泄：下痢。　②此句言恐其死。　③此句诏充国养病。　④绣衣：御史。　⑤宣帝时，丰穰屡登，中土谷，斛五钱，边地斛八钱。　⑥耿中丞：即耿寿昌，为司农中丞。　⑦此句言预储粮食，可以制敌。　⑧此句言倘如此，则所忧不独在羌。　⑨茭：干刍。稾：禾秆。石：百二十斤。　⑩庙胜：谋于庙堂而胜敌。　⑪漕下：以水运木而下。　⑫缮：补。　⑬湟陿：今名陕口山，在青海西宁东。　⑭田事出：谓至春人出营田。　⑮赋：谓班与之。晦：古“亩”字。　⑯倅：副也。什二者，千骑则与副马二百匹。　⑰田者游兵：指以卫屯田者。

上报曰："皇帝问后将军，言欲罢骑兵万人留田，即如将军之计，虏当何时伏诛，兵当何时得决？孰计其便，复奏。"充国上状曰："臣闻帝王之兵，以全取胜，是以贵谋而贱战。战而百胜，非善之善者也，故先为不可胜以待敌之可胜[1]。蛮夷习俗虽殊于礼义之国，然其欲避害就利，爱亲戚，畏死亡，一也。今虏亡其美地荐草[2]，愁于寄托远遁，骨肉心离，人有畔志，而明主般[3]师罢兵，万人留田，顺天时，因地利，以待可胜之虏，虽未即伏辜，兵决可期月而望。羌虏瓦解，前后降者万七百余人，及受言去者凡七十辈，此坐支解羌虏之具也。臣谨条不出兵留田便宜十二事。步兵九校[4]，吏士万人，留屯以为武备，因田致谷，威德并行，一也。又因排折羌虏，令不得归肥饶之地，贫破[5]其众，以成羌虏相畔之渐，二也。居民得并田作，不失农业，三也。军马一月之食，度支田士一岁，罢骑兵以省大费，四也。至春省甲士卒，循河湟漕谷至临羌[6]，以眎[7]羌虏，扬威武，传世折冲之具，五也，以闲暇时下所伐材，缮治邮亭，充入金城，六也。兵出，乘危徼幸[8]，不出，令反畔之虏窜于风寒之地，离霜露疾疫瘃堕之患[9]，坐得必胜之道，七也。亡经阻远追死伤之害，八也。内不损威武之重，外不令虏得乘间之势[10]，九也。又亡惊动河南大开、小开[11]，使生它变之忧，十也。治湟陿中道桥，令可至鲜水，以制西域，信威千里，从枕席上过师，十一也。大费既省，繇役豫息，以戒不虞，十二也。留屯田得十二便，出兵失十二利。

臣充国材下，犬马齿衰，不识长册，唯明诏博详公卿议臣采择！”

---

①见《孙子》。言先自完坚，令敌不能胜我，乃可以胜敌。②荐：兽所食草。 ③般：还。 ④九校：九营。 ⑤贫破：使之贫为破。 ⑥临羌：汉县，故城在今青海湟中县北。⑦眎：同“示”。 ⑧此句言不可必胜。 ⑨离：遭。堕：谓因寒瘃而堕指者。 ⑩间：谓军之间隙者。 ⑪大开小开：皆羌种，在河西之河南。

上复赐报曰：“皇帝问后将军，言十二便，闻之。虏虽未伏诛，兵决可期月而望，期月而望者，谓今冬邪？谓何时也？将军独不计虏闻兵颇罢，且丁壮相聚，攻扰田者及道上屯兵，复杀略人民，将何以止之？又大开、小开前言曰：‘我告汉军先零所在，兵不往击，久留，得亡效五年时不分别人而并击我①？’其意常恐。今兵不出，得亡变生，与先零为一？将军孰计复奏。”充国奏曰：“臣闻兵以计为本，故多算胜少算。先零羌精兵今余下过七八千人，失地远客，分散饥冻。罕、开、莫须又颇暴略其羸弱畜产，畔还者不绝，皆闻天子明令相捕斩之赏。臣愚以为虏破坏可日月冀，远在来春，故曰兵决可期月而望。窃见北边自敦煌至辽东②万一千五百余里，乘塞列隧有吏卒数千人，虏数大众攻之而不能害。今留步士万人屯田，地势平易，多高山远望之便，部曲相保，为堑垒木樵[3]，校联不绝[4]，便兵弩，饬斗具，烽火幸通，势及并力，以逸待劳，兵之利者也。臣愚以为屯田内有亡费之利，外有守御之备。骑兵虽罢，虏见万人留田为必禽之具，其土崩归德，宜不久矣。从今尽三月，虏马羸瘦，必不敢捐其妻子于他种中，远涉河山而来为寇。又见屯田之士精兵万人，终不敢复将其累重[5]还归故地。是臣之愚计，所以度虏且必瓦解其处[6]，不战而自破之册也。至于虏小寇盗，时杀人民，其原未可卒禁。臣闻战不必胜，不苟接刃；攻不必取，不苟劳众。诚令兵出，虽不能灭先零，亶能令虏绝不为小寇，则出兵可也。即今同是而释坐胜之道[7]，从乘危之势，往终不见利，空内自罢敝，贬重[8]而自损，非所以视蛮夷也。又大兵一出，还不可复留，湟中亦未可空，如是，徭役复发也。且匈奴不可不备，乌桓不可不忧。今久转运烦费，倾我不虞之用以澹一隅[9]，臣愚以为不便。校尉临众[10]幸得承威德，奉厚币，拊循众羌，谕以明诏，宜皆乡风。虽其前辞尝曰‘得亡效五年’，宜亡它心，不足以故出兵[11]。臣窃自惟念，奉诏出塞，引军远击，穷天子之精兵，散车甲于山野，虽亡尺寸之功，媮得避慊之便[12]，而亡后咎余责，此人臣不忠之利，非明主社稷之福也。臣幸得奋精兵，讨不义，久留天诛[13]，罪当万死。陛下宽仁，未忍加诛，令臣数得孰计。愚臣伏计孰甚，不敢避斧钺之诛，昧死陈愚，唯陛下省察!”

---

①元康五年，义渠安国召诛先零之事，致羌人怨怒而谓无所信向，是以大小开有此言。　②辽东：见《高帝纪》。③樵：与“谯”同。为堑垒木樵之谓为高楼以望敌。　④校：谓以木相贯，遮拦禽兽。校联不绝：言营累相次。　⑤累重：指妻子资产。　⑥瓦解其处：各于其处自瓦解。　⑦此句言俱不能止小寇盗。　⑧贬重：贬中国之威重。　⑨澹：古“赡”字，给。　⑩临众：辛武贤之弟。　⑪以故：疑事。宣帝以罕、开前言而疑其生变，故急欲出兵，充国则谓罕、开虽有前言，既闻明诏宜皆乡风，无有异心，不足因此疑事而出兵。⑫媮：苟且。慊：亦“嫌”字。　⑬此句谓不早殄灭羌人。

充国奏每上，辄下公卿议臣。初是充国计者什三，中什五，最后什八。有诏诘前言不便者，皆顿首服。丞相魏相曰：“臣愚不习兵事利害，后将军数画军册，其言常是，臣任①其计可必用也。”上于是报充国曰：“皇帝问后将军，上书言羌虏可胜之道，今听将军，将军计善。其上留屯田及当罢者人马数。将军强食，慎兵事，自爱！”

---

①任：保。

上以破羌、强弩将军数言当击，又用充国屯田处离散，恐虏犯之，于是两从其计，诏两将军与中郎将卬出击。强弩出，降四千余人，破羌斩首二千级，中郎将印斩首降者亦二千余级，而充国所降复得五千余人。诏罢兵，独充国留屯田。

明年五月，充国奏言："羌本可五万人军，凡斩首七千六百级，降者三万一千二百人，溺河湟饥饿死者五六千人，定计①遗脱与煎巩、黄羝俱亡者不过四千人。羌靡忘等自诡必得②，请罢屯兵。"奏可。充国振旅而还。

所善浩星赐迎说充国，曰："众人皆以破羌、强弩出击，多斩首获降，虏以破坏。然有识者以为虏势穷困，兵虽不出，必自服矣。将军即见，宜归功于二将军出击，非愚臣所及。如此，将军计未失也。"充国曰："吾年老矣，爵位已极，岂嫌伐一时事③以欺明主哉！兵势，国之大事，当为后法。老臣不以余命一为陛下明言兵之利害，卒死，谁当复言之者？"卒以其意对。上然其计，罢遣辛武贤归酒泉太守官，充国复为后将军卫尉。

---

①定计：以定数计算也。　②诡：责也。自以为忧责，言必能得之。　③言一时用兵之事，当以实敷奏，岂可以自矜伐为嫌。

其秋，羌若零、离留、且种、儿库共斩先零大豪犹非、杨玉首，及诸豪弟泽、阳雕、良儿、靡忘皆帅煎巩、黄羝之属四千余人降汉。封若零、弟泽二人为帅众王，离留、且种二人为侯，儿库为君，阳雕为言兵侯，良儿为君，靡忘为献牛君。初置金城属国以处降羌。诏举可护羌校尉者，时充国病，四府①举辛武贤小弟汤。充国遽起奏：“汤使酒，不可典蛮夷。不如汤兄临众。”时汤已拜受节，有诏更用临众。后临众病免，五府复举汤。汤数醉酗②羌人，羌人反畔，卒如充国之言。

①丞相、御史、车骑将军、前将军，为四府。并后将军为五府。　②酗：即“酗”字，醉怒。

初，破羌将军武贤在军中时，与中郎将卬宴语①。卬道：“车骑将军张安世，始尝不快上②，上欲诛之，卬家将军以为安世本持橐簪笔③事孝武帝数十年，见谓忠谨，宜全度之④。安世用是得免。”及充国还言兵事，武贤罢归故官，深恨⑤。上书告卬泄省中语。卬坐禁止而入至充国莫府司马中，乱屯兵⑥，下吏，自杀。充国乞骸骨，赐安车驷马、黄金六十斤，罢就第。朝庭每有四夷大议，常与参兵谋，问筹策焉。年八十六，甘露二年薨，谥曰壮侯。传子至孙钦。钦尚敬武公主。主亡子，主教钦良人习诈有身，名它人子。钦薨，子岑嗣侯，习为太夫人。岑父母求钱财亡已，忿恨相告。岑坐非子免，国除。元始中，修功臣后，复封充国曾孙伋为营平侯。

①宴语：闲宴时共语。　②始尝不快上：所为尝不可上

意。安世为车骑将军，在昭帝崩后，此上为汉宣帝。　③橐：所以盛书，有底曰囊，无底曰橐。簪笔：插笔于首。汉世近臣负橐簪笔，从备顾问，或有所纪。　④全度之：全安而免度之，不令丧败。　⑤以破羌希赏而格不行。　⑥司马中：即营军司马中。方见禁止而入至充国莫府司马中。卬既泄省中语，又坐此罪。

初，充国以功德与霍光等列，画未央宫。成帝时，西羌尝有警，上思将帅之臣，追美充国，乃召黄门郎杨雄即充国图画而颂之①，曰："明灵惟宣，戎有先零。先零昌狂，侵汉西疆。汉命虎臣，惟后将军，整我六师，是讨是震。既临其域，谕以威德，有守矜功，谓之弗克。请奋其旅，于罕之羌。天子命我，从之鲜阳②。营平守节，娄③奏封章。料敌制胜，威谋靡亢④。遂克西戎，还师于京。鬼方⑤宾服，罔有不庭⑥。昔周之宣，有方有虎⑦。诗人歌功，乃列于《雅》⑧。在汉中兴，充国作武，赳赳桓桓⑨，亦绍厥后⑩。"

---

①即：就。于画侧题颂。　②酒泉太守辛武贤自将万骑出张掖击羌，宣帝使充国共武贤讨罕、开于鲜水之阳。　③娄：古"屡"字。　④料：量。亢：当。　⑤鬼方：言其幽昧。⑥庭：来帝庭。　⑦方、虎：方叔，邵虎。　⑧雅：《大雅》《小雅》之诗。　⑨赳赳：劲也。桓桓：威也。　⑩绍

厥后：谓继周之方召。

充国为后将军，徙杜陵[1]。

---

①杜陵：汉县，故城在今陕西西安市东南。

辛武贤自羌军还后七年，复为破羌将军，征乌孙[1]，至敦煌。后不出，征未到，病卒……

---

①乌孙：见《张骞传》。

赞曰：秦、汉已来，山东出相，山西出将。秦将军白起，郿人[1]；王翦，频阳人[2]。汉兴，郁郅王围、甘延寿[3]，义渠公孙贺、傅介子[4]；成纪李广、李蔡[5]；杜陵苏建、苏武；上邽[6]上官桀、赵充国；襄武廉褒[7]；狄道辛武贤、庆忌[8]；皆以勇武显闻。苏、辛父子著节，此其可称列者也，其余不可胜数。何则？山西天水、陇西、安定、北地[9]处势迫近羌胡，民俗修习战备，高上勇力鞍马骑射。故秦诗曰："王于兴师，修我甲兵，与子皆行。"[10]其风声气俗自古而然。今之歌谣慷慨，风流犹存耳。

---

①郿：周邑名，汉置县，故城在今陕西眉县东北。　②频阳：秦县，故城在今陕西富平县东北。　③郁郅：汉县，即今

甘肃庆阳市。王围：为强弩将军。甘延寿：使西域，斩郅支单于。　④义渠：秦县，故城在今甘肃庆阳市西峰区东。傅介子：使大宛，斩楼兰王。　⑤成纪：汉县，故城在今甘肃秦安县北。　⑥上邽：见本传。　⑦襄武：汉县，故城在今甘肃陇西县西南。廉褒：为右将军。　⑧狄道：秦县，故城在今甘肃临洮县西南。庆忌：武贾子，为右将军。　⑨天水、安定：皆汉郡，地在今甘肃。　⑩《诗·无衣》辞。言于王之兴师，则修我甲兵，与子俱征伐。

儒林传序

古之儒者，博学乎六艺之文[①]。六（学）[艺]者，王教之典籍，先圣所以明天道，正人伦，致至治之成法也。周道既衰，坏于幽、厉，礼乐征伐自诸侯出，陵夷[②]二百余年而孔子兴，以圣德遭季世，知言之不用而道不行，乃叹曰："凤鸟不至，河不出图，吾已矣夫！"[③]"文王既没，文不在兹乎？"[④]于是应聘诸侯，以答礼行谊[⑤]。西入周，南至楚，畏匡厄陈[⑥]，奸[⑦]七十余君。适齐闻韶，三月不知肉味[⑧]，自卫反鲁，然后《乐》正，《雅》《颂》各得其所[⑨]。究观古今篇籍，乃称曰："大哉，尧之为君也！唯天为大，唯尧则之。巍巍乎其有成功也，焕乎其有文章！"[⑩]又曰："周监于二代，郁郁乎文哉！吾从周。"[⑪]于是叙《书》则断《尧典》[⑫]；称《乐》则法《韶舞》[⑬]；论《诗》则首《周南》[⑭]。缀周之礼，因鲁《春秋》，举十二公行事[⑮]，绳之[⑯]以文武之道，成一王法，至获麟而止[⑰]。盖晚而好《易》，读之韦编三绝，而为之传[⑱]。皆因近圣之事，以立先王之教。故曰："述而不作，信而好古。"[⑲]"下学而上达，知我者其天乎！"[⑳]

①六艺：指《诗》《书》《乐》《易》《礼》《春秋》。②陵夷：渐渐衰微。　③语见《论语·子罕篇》。凰鸟河图，皆王者之瑞，孔子自伤有德而无位，故云已矣。　④语见《论语·子罕篇》。　⑤答礼：谓有问礼者，则应答而申明之。⑥匡：邑名，故匡城县，在今河北长垣县西南。阳货有怨于匡，孔子貌似货，匡人见之，以为货而围之。孔子周游至陈，绝粮。⑦奸：求谒见。　⑧三月不知肉味：赞美舜乐之善。　⑨是时道衰乐废，孔子归鲁修正之，故《雅》《颂》各得其所。⑩语见《论语·泰伯篇》。则：法。言尧所行皆法天。巍巍：高貌。焕：明。　⑪语见《论语·八佾篇》。言周鉴夏殷之制而损益之，礼文大备，故吾从周。郁郁：文章盛貌。　⑫《书》起自《尧典》。　⑬孔子以舜之韶乐尽善尽美，故欲用之。⑭《诗》以《周南》为首，《关雎》为是篇一章。　⑮十二公：指鲁隐、桓、庄、闵、僖、文、宣、成、襄、昭、定、哀公。　⑯绳：治正之。　⑰鲁哀公十四年，获麟，孔子《春秋》遂绝笔。　⑱编：所以联次节，爱玩烦数，故编简之韦，为之三断。传每卦之彖象，及系辞文言说卦等，皆孔子所作。⑲《论语·述而篇》记孔子之言。作者之谓圣，述者之谓明，孔子自谦我但述者。　⑳见《论语·宪问篇》。言下学人事，上达天命，行不违天，故惟天知我。

仲尼既没，七十子之徒①散游诸侯，大者为卿相师傅，小者友教士大夫，或隐而不见。故子张居陈②，澹台子羽居楚[3]，子夏居西河[4]，子贡终于齐[5]。如田子方、段干木、吴起、禽滑釐之属，皆受业于子夏之伦，为王者师[6]。是时独魏文侯好学。天下并争于战国，儒术既黜焉，然齐鲁之间学者犹弗废，至于威、宣之际[7]，孟子、孙卿之列咸遵夫子之业而润色之，以学显于当世。及至秦始皇兼天下，燔《诗》《书》，杀术士[8]，六学从此缺矣[9]。陈涉之王也，鲁诸儒持孔氏礼器往归之，于是孔甲为涉博士，卒与俱死[10]。陈涉起匹夫，驱適[11]戍以立号，不满岁而灭亡，其事至微浅，然而搢绅先生负礼器往委质[12]为臣者何也？以秦禁其业，积怨而发愤于陈王也。及高皇帝诛项籍，引兵围鲁，鲁中诸儒尚讲诵习礼，弦歌之音不绝，岂非圣人遗化好学之国哉？于是诸儒始得修其经学，讲习大射乡饮之礼。叔孙通作汉礼仪，因为奉常，诸弟子共定者，咸为选首，然后喟然兴于学。然尚有干戈，平定四海[13]，亦未皇[14]庠序之事也。孝惠、高后时，公卿皆武力功臣。孝文时颇登用[15]，然孝文本好刑名之言。及至孝景，不任儒，窦太后又好黄老术，故诸博士具官[16]待问，未有进者。

汉兴，言《易》，自淄川田生[17]；言《书》，自济南伏生[18]；言《诗》，于鲁则申培公[19]，于齐则辕固生[20]，燕则韩太傅[21]；言《礼》，则鲁高堂生[22]；言《春秋》，于齐则胡母生[23]，于赵则董仲舒。及窦太后崩，武安君田蚡为丞相，黜黄老、刑名百家之言，延文学儒者以百数，而公孙弘以治《春秋》为丞相封侯，天下学士靡然乡风矣。

---

①孔子弟子三千，身通六艺者七十二人，言七十者，举成数。　②子张：姓颛孙，名师。　③澹台：姓；子羽：字名灭明，南游至江。　④子夏：姓卜，名商，隐河东郡之西界。　⑤子贡：姓端木，名赐，相鲁卫，卒终于齐。　⑥田子方四人，皆魏人。一说，田学于子贡，吴起学于曾申。禽滑釐则学于墨翟，实非儒也。　⑦威、宣之际：指齐威王、宣王之时。　⑧术士：经术之士。　⑨六学：即六艺。　⑩孔甲：即孔鲋，见前孔光传，陈涉败，孔鲋死陈下。　⑪適：与“谪”通。　⑫质：同“贽”；委质：执贽为礼以相见。　⑬言尚须征定反者，如陈豨、英希等。　⑭皇：暇。　⑮言稍用文学之士。　⑯具官：犹备员。　⑰田何。　⑱伏胜。　⑲申培。　⑳辕固。　㉑韩婴。　㉒高堂伯。　㉓胡母子都。

弘为学官，悼道之郁滞，乃请曰：“丞相、御史言：制曰‘盖闻导民以礼，风①之以乐。婚姻者，居室之大伦也②。今礼废乐崩，朕甚愍焉，故详延天下方闻之士③，咸登诸朝。其令礼官劝学，讲议洽闻，举遗④兴礼，以为天下先。太常议，予博士弟子，崇乡里之化，以厉⑤贤材焉。’谨与太常臧⑥、博士平等议，曰：闻三代之道，乡里有教，夏曰校，殷曰庠，周曰序。其劝善也，显之朝廷；其惩恶也，加之刑罚。故教化之行也，建首善自京师始，由内及外。今陛下昭至德，开大明，配天地，本人伦，劝学兴礼，崇化厉贤，以风四方，太平之原也。古者政教未洽，不备其礼，请因旧官而兴焉。为博士官置弟子五十人，复其身。太常择民年十八以上仪状端正者，补博士弟子。郡国县官⑦有好文学，敬长上，肃政教，顺乡里，出入不悖，所闻，令、相、长、丞上属所⑧二千石。二千石谨察可者，常与计偕⑨，诣太常，得受业如弟子。一岁皆辄课，能通一艺以上，补文学掌故缺；其高第可以为郎中，太常籍奏⑩。即有秀才异等，辄以名闻。其不事学若下材，及不能通一艺，辄罢之，而请诸能称者⑪。巨谨案诏书律令下者⑫，明天人分际，通古今之谊，文章尔雅⑬，训辞深厚，恩施甚美。小吏浅闻，弗能究宣，亡以明布谕下⑭。以治礼掌故以文学礼义为官，迁留滞⑮。请选择其秩比二百石以上及吏百石通一艺以上补左右内史、大行卒史⑯，比百石以下补郡太守卒史，皆各二人，边郡一人⑰。先用诵多者⑱，不足，择掌故⑲以补中二千石属⑳，文学掌故补郡属㉑，备员㉒。请著功令㉓。它如律令㉔。”制曰："可。”自此以来，公卿大夫士吏彬彬多文学之士矣。

---

①风：化也。　②伦：理也。　③详：悉也。方闻：犹广闻。　④举遗：搜求遗失的经典。　⑤厉：劝勉。　⑥太常臧：指孔臧。　⑦州有蛮夷曰道，列侯公卿所食曰邑。谓属于郡国之县及道与邑。　⑧属所：犹在所。　⑨随上计吏俱至京师。　⑩掌故之官，属太常。籍奏：编选名籍奏上。⑪此句谓用诸有能通艺业而称其任者。　⑫此句谓平时所班下

者。　⑬尔，雅：近正。　⑭此句言诏书非俗吏所能明通宣布，使下谕其意，故公孙弘欲选文学掌故补卒史如下文，所谓以儒术缘饰吏事。　⑮故治礼掌故在他官，迁擢常留滞，今请迁之如下。　⑯文学掌故留滞在比二百石以上，及吏百石而通一艺者，皆补为左右内史大行卒史。左右内史后为左冯翊、右扶风，大行后为大鸿胪。吏而得至百石，为其晓事优之。　⑰此言故文学掌故在留滞及吏比百石，皆补郡卒史，非言文学掌故之在百石者与吏百石同。　⑱言此数品先用诵多者。　⑲言此数品不足，则择现方为掌故者。　⑳中二千石属：即指左右内史大行卒史。　㉑郡属：即谓郡卒史。　㉒备员：言此特以现文学掌故为备员，若有不足，即使充之。　㉓功令：篇名，新立此条，请著之功令。　㉔言此外皆如旧律令。

昭帝时举贤良文学，增博士弟子员满百人，宣帝末增倍之。元帝好儒，能通一经者皆复①。数年，以用度不足，更为设员千人，郡国置《五经》百石卒史。成帝末，或言孔子布衣养徒三千人，今天子太学弟子少，于是增弟子员三千人。岁余，复如故。平帝时，王莽秉政，增元士②之子得受业如弟子，勿以为员，岁课甲科四十人为郎中，乙科二十人为太子舍人，丙科四十人补文学掌故云。

---

①复：免除其徭赋。　②王莽篡位，更改官制，九卿分属三公，一卿置大夫三人，一大夫置元士三人。

循吏传序

汉兴之初，反秦之敝，与民休息，凡事简易，禁罔疏阔。而相国萧、曹以宽厚清静为天下帅①，民作“画一”之歌②。孝惠垂拱，高后女主，不出房闼，而天下晏然，民务稼穑，衣食滋殖③。至于文、景，遂移风易俗。是时，循吏如河南守吴公④、蜀守文翁⑤之属，皆谨身帅先，居以廉平，不至于严，而民从化。

孝武之世，外攘⑥四夷，内改法度，民用凋敝，奸轨不禁。时少能以化治称者，惟江都相董仲舒、内史公孙弘、兒宽，居官可纪。三人皆儒者，通于世务，明习文法，以经术润饰吏事，天子器之。仲舒数谢病去，弘、宽至三公。

孝昭幼冲，霍光秉政，承奢侈师旅之后，海内虚耗，光因循守职，无所改作。至于始元、元凤之间，匈奴乡化，百姓益富，举贤良文学，问民所疾苦，于是罢酒榷而议盐铁矣⑦。

---

①帅：率先之意。　②曹参代萧何为相，一守何之旧规，民乃歌之曰：“萧何为法，讲若画一。曹参代之，守而勿失。”③滋：益也。殖：生也。　④吴公：见《贾谊传》。　⑤文

翁：于景帝末年为蜀郡守，仁爱施教育，蜀地大化。　⑥攘：却也。　⑦昭帝始元六年，诏问贤良文学民所疾苦，罢榷酤官，盐铁未能罢，酒榷盐铁，兴于武帝时，以国用不足，县官悉自卖盐铁酤酒。

及至孝宣，由仄陋①而登至尊，兴于闾阎，知民事之艰难。自霍光薨后始躬万机，厉精为治，五日一听事，自丞相已下各奉职而进。及拜刺史守相，辄亲见问，观其所由，退而考察所行以质②其言；有名实不相应，必知其所以然。常称曰："庶民所以安其田里而亡叹息愁恨之心者，政平讼理也③。与我共此者，其唯良二千石乎④！"以为太守，吏民之本也，数变易则下不安，民知其将久，不可欺罔，乃服从其教化。故二千石有治理效，辄以玺书勉厉，增秩赐金，或爵至关内侯，公卿缺则选诸所表⑤以次用之。是故汉世良吏，于是为盛，称中兴焉。若赵广汉、韩延寿、尹翁归、严延年、张敞之属，皆称其位，然任刑罚，或抵罪诛⑥。王成、黄霸、朱邑、龚遂、郑弘、召信臣等，所居民富，所去见思，生有荣号，死见奉祀，此廪廪庶几德让君子之遗风矣⑦。

---

①仄陋：言非正统而身经微贱。　②质：正。　③讼理：言所讼见理而无冤滞。　④郡守诸侯相秩皆二千石。　⑤所表：即谓上增秩赐金赐爵。　⑥广汉、延寿、延年皆被

诛。　　⑦王成为胶东相，治有声。黄霸尝为颍川太守京兆尹，治民宽和，为汉第一循吏。朱邑为北海太守，治行称最。龚遂为渤海太守，务以德化。郑弘为南阳太守，著治迹。如信臣为上蔡长及南阳河南太守，劝耕农，务以富民。廪廪：渐近之意。

酷吏传序

孔子曰："导之以政，齐之以刑，民免而无耻；导之以德，齐之以礼，有耻且格。"①老氏称："上德不德，是以有德；下德不失德，是以无德。法令滋章，盗贼多有。"②信哉是言也！法令者，治之具，而非制治清浊之源也③。昔天下之罔尝密矣④，然奸轨愈起，其极也，上下相遁⑤，至于不振⑥。当是之时，吏治若救火扬沸⑦，非武健严酷，恶能胜其任而快乎？言道德者，溺⑧于职矣。故曰："听讼吾犹人也，必也使无讼乎？"⑨"下士闻道大笑之。"⑩非虚言也。

---

①语见《论语》。格：至也。言民但苟免，而不以恶为耻，化以德礼，则知愧耻而至于治。　②语见《老子》。上德体合自然，故为德，下德务于修建，更以丧之，法令繁滋，则巧诈益起，故多盗贼。　③言为治之体须法令，而法令非治之本。　④罔：同"网"。此指秦代。　⑤遁：避也。言吏避君，民避吏。　⑥不振：丧败不可振救。　⑦言其迫急。　⑧溺：沉滞不举。　⑨见《论语》。言使我听讼，亦无异于人，然立政施德，能使争讼绝息。　⑩语见《老子》。原作"大而笑

之”。大，迂也，下士以为迂而笑之。

汉兴，破觚而为圜，斫雕而为朴①，号为罔漏吞舟之鱼②。而吏治蒸蒸③，不至于奸，黎民艾安④。由是观之，在彼不在此⑤。高后时，酷吏独有侯封，刻轹⑥宗室，侵辱功臣。吕氏已败，遂夷⑦侯封之家。孝景时，晁错以刻深颇用术辅其资⑧，而七国之乱发怒于错，错卒被戮。其后有郅都、宁成之伦⑨。

---

①觚：方木。雕：刻镂。言去严峻而从简易，抑巧伪而务敦厚。 ②言其疏。 ③蒸蒸：纯一貌。 ④艾：同“乂”，治也。 ⑤此句言在道德不在严酷。 ⑥轹：欺压。 ⑦夷：灭除。 ⑧资：材。 ⑨郅都：景帝时诛。宁成：为治酷，致产数千万，坐罪逃亡。

游侠传序

古者天子建国，诸侯立家，自卿大夫以至于庶人，各有等差，是以民服事其上，而下无觊覦[①]。孔子曰："天下有道，政不在大夫。"[②]百官有司，奉法承令，以修所职，失职有诛，侵官有罚。夫然，故上下相顺，而庶事理焉。

周室既微，礼乐征伐自诸侯出。桓、文之后，大夫世权，陪[③]臣执命。陵夷至于战国，合从连衡，力政争强[④]，由是列国公子，魏有信陵[⑤]、赵有平原[⑥]、齐有孟尝[⑦]、楚有春申[⑧]，皆借王公之势，竞为游侠，鸡鸣狗盗，无不宾礼[⑨]；而赵相虞卿弃国捐君，以周穷交魏齐之厄[⑩]；信陵、无忌窃符矫命，戮将专师，以赴平原之急[⑪]：皆以取重诸侯，显名天下，搤擥[⑫]而游谈者，以四豪为称首；于是背公死党之议成，守职奉上之义废矣。及至汉兴，禁网疏阔，未之匡改也[⑬]。是故代相陈豨从车千乘，而吴濞、淮南皆招宾客以千数。外戚大臣魏其、武安之属竞逐于京师，布衣游侠剧孟、郭解之徒驰骛于闾阎，权行州域，力折公侯。众庶荣其名迹，觊而慕之。虽其陷于刑辟，自与杀身成名，若季路、仇牧，死而不悔也[⑭]。故曾子曰："上失其道，民散久矣。"[⑮]非明王在上，视之以好恶，齐之以礼法，民曷由知禁而反正乎！

①语本《左传》桓公二年。觊：幸也。覦：欲也。幸得其所欲。　②见《论语》。言权不移于下。　③陪：重也。　④政：同“征”；力政：背弃礼义任威力。　⑤魏公子无忌封信陵君。　⑥赵胜封平原君。　⑦田文封孟尝君。　⑧黄歇封春申君。　⑨孟尝之客，有能为鸡鸣狗盗者，孟尝曾赖其技以脱难。　⑩魏齐为虞卿之至交，齐将为范雎所杀，卿救之。　⑪秦围赵，赵平原告急于魏，魏王畏秦，不发兵，信陵窃兵符，矫王命，杀领兵大将晋鄙以救赵而却秦。　⑫搤（è）：同“扼”。掔：古“腕”字。　⑬匡：正。　⑭季路：孔子弟子仲由，卫有蒯聩之乱，季路赴难，被击断缨，结缨而死。仇牧：宋大夫，宋万弑宋闵公，牧闻而趋至；万击牧，碎其首。言游侠之徒，自许节操同二人。　⑮语见《论语》。

古之正法：五伯，三王之罪人也；而六国，五伯之罪人也。夫四豪者，又六国之罪人也。况于郭解之伦，以匹夫之细，窃杀生之权，其罪已不容于诛矣。观其温良泛爱，振穷周急，谦退不伐，亦皆有绝异之姿。惜乎不入于道德，苟放纵于末流，杀身亡宗，非不幸也。自魏其、武安、淮南之后，天子切齿，卫、霍改节。然郡国豪桀处处各有，京师亲戚冠盖相望，亦古今常道，莫足言者。唯成帝时，外家王氏宾客为盛，而楼护①为帅。及王莽时，诸公之间陈遵②为雄，闾里之侠原涉③为魁。

①楼护：字君卿，为王氏五侯上客。 ②陈遵：字孟公，官至河南太守，嗜酒而不废事。 ③原涉：字巨先，专赴人急，侠名极著，更始时，为申屠建所杀。